Réussir à l'école : une question d'amour ?

Direction de la publication
Isabelle Jeuge-Maynart

Direction éditoriale
Catherine Delprat

Coordination éditoriale
Nathalie Cornellana

Direction artistique
Emmanuel Chaspoul,
assisté de Anna Bardon

Couverture
Véronique Laporte

Mise en page
Sophie Compagne

Relecture-correction
Jean-Pierre Baril

Fabrication
Anne Raynaud

ISBN : 978 2 03 586738 4

Réussir à l'école : une question d'amour ?

STÉPHANE CLERGET

LAROUSSE

Remerciements

À mes parents

À mes professeurs

À l'Éducation nationale

À Carole Bat, Bethsabée Blumel de La Taille, Catherine Delprat et Nathalie Cornellana

À Tom et à Romane

SOMMAIRE

INTRODUCTION

Quand on parle de réussite scolaire, de quoi s'agit-il ? Cela se limite-t-il, pour un élève, à avoir de bonnes notes tout au long de sa scolarité, de la maternelle à la terminale ? Oui, probablement. Mais n'est-ce rien d'autre ? Ne faut-il pas considérer qu'il est aussi question de réussite scolaire quand un élève se situe dans la moyenne du classement de ses différentes classes, et surtout quand il ne s'ennuie pas à l'école, qu'il y trouve sa place, s'y fait des amis, participe à certaines activités scolaires avec enthousiasme, prend modèle sur des professeurs ou des membres de l'équipe pédagogique et, au final, une fois devenu adulte, garde un bon souvenir de ses années d'écolier ou de collégien ?

La mission de l'école est d'accompagner l'enfant dans la maîtrise des apprentissages fondamentaux qui lui permettront d'accéder à tous les autres types d'apprentissages et seront des outils pour bien s'intégrer à la société, comprendre cette dernière et participer à son évolution. N'oublions pas, cependant, que bien des savoirs, des savoir-faire et des savoir-être de l'enfant qui s'acquièrent au sein de l'institution scolaire peuvent aussi s'apprendre pour partie en dehors, du moins s'y affiner comme s'y confirmer. D'ailleurs, les devoirs d'école se font à la maison. En outre, les ouvrages scolaires ne sont pas l'unique source de lecture des enfants : le programme télévisé ou d'autres magazines de loisirs les invitent à lire. Le calcul également est exercé en dehors des cours, à l'occasion des courses, par exemple.

Les parents jouent un rôle important dans la vie scolaire de par leurs échanges avec le corps enseignant, et surtout, lors des temps périscolaires, par l'attention qu'ils portent à ce que leur enfant apprend en cours ou à la maison et, quand ils le peuvent, en accompagnant ses devoirs de leurs conseils pédagogiques. Mais leur rôle dans la réussite scolaire de l'enfant se situe pour l'essentiel hors du travail scolaire proprement dit. Les parents développent chez l'enfant le sentiment de sécurité affective ainsi que l'estime de soi, socles indispensables pour apprendre sereinement. Ils y parviennent grâce à l'amour infini qu'ils portent à leur enfant, mais avec les limites imposées notamment par le respect de son intimité et de son autonomie de pensée. Ils font croître chez lui la curiosité et le plaisir d'apprendre et lui enseignent les principes de réalité qui maintiennent, à une place raisonnable, les principes de plaisirs[1]. Ils transmettent, par leur éducation, la patience, la tolérance aux frustrations, l'empathie, l'attrait du temps présent et tant d'autres qualités qui donnent le goût de l'école, et plus largement le goût de la vie.

Les modes de transmission sont variables et pluriels : on peut tout aussi bien aider son enfant à apprendre une récitation, que préparer un gâteau avec sa sœur et lui. La cuisine est une activité ludique dans laquelle l'enfant devra suivre une recette sur un livre ou sur Internet, respecter, entre autres, les contraintes de cuisson, travailler en équipe et savourer le jour même le fruit de son travail en le partageant. Les

1. Selon S. Freud, les principes de plaisirs et de réalité dans leur opposition et leur complétude régissent en partie le fonctionnement mental. Le principe de plaisir définit l'activité psychique visant à éviter les sources de déplaisir, à réduire les tensions déplaisantes et à obtenir des satisfactions immédiates. Il est couplé avec le principe de réalité qui vise à l'adaptation avec le milieu extérieur au prix si nécessaire du maintien d'un état de tension déplaisant. Des solutions de compromis apparaissent au carrefour de ces deux principes comme la capacité à différer un plaisir.

grands chefs ainsi que les « cuisiniers du week-end » que je compte parmi mes amis m'ont toujours dit que réussir en cuisine était une question d'amour. La réussite scolaire, c'est la même chose. L'amour des parents pour l'enfant, et réciproquement l'amour de l'enfant pour les apprentissages ; l'amour ou l'attachement pour les autres compagnons qu'il croisera à l'école, élèves ou professeurs ; l'amour que l'enfant a de lui-même. Ajoutons l'amour de l'enseignant pour son métier et pour les autres, en particulier ses élèves. « L'amour ne suffit pas », a écrit avec brio Claude Halmos. Certes, mais « sans amour on n'est rien du tout », chantait Édith Piaf. On pourrait aussi évoquer l'amour entre parents et enseignants, tant les mauvais souvenirs d'école des parents influent sur la scolarité des enfants. Les deux univers restent fortement clivés, malgré les efforts déployés par l'Éducation nationale pour tenter de s'ouvrir aux parents. Ce clivage nuit à la bonne réussite scolaire. D'ailleurs, il est intéressant de noter que statistiquement, les enfants d'enseignants, qui ne subissent pas ce clivage, sont les plus performants scolairement. Le dénigrement entre milieu scolaire et milieu familial est malheureusement la règle. Les parents critiquent l'école plus qu'ils ne la louent et l'école le leur rend bien. Il est frappant d'entendre dans les conversations entre enseignants combien les parents peuvent être vécus comme hostiles, persécuteurs ou responsables des difficultés des enfants. En fait, à l'instar des couples divorcés, chacun renvoie sur l'autre la responsabilité des problèmes rencontrés par les enfants, et lorsqu'il leur arrive de s'entendre, c'est pour attaquer de concert l'environnement, les responsables politiques, la télévision ou la société.

Favoriser la réussite scolaire de son enfant, c'est lui insuffler un élan positif, mais aussi lever les obstacles externes et internes susceptibles d'entraver sa progression.

1

LES OBSTACLES À LA RÉUSSITE SCOLAIRE

Certains des obstacles à la réussite scolaire sont à chercher dans l'entourage de l'enfant. Familiaux ou scolaires, ils empêchent un bon épanouissement intellectuel et affectif, ou simplement un bon apprentissage chez l'écolier.

DU CÔTÉ DES PARENTS ET DES ENSEIGNANTS

Le principal obstacle familial est sans doute une éducation qui ne respecte pas les besoins de l'enfant sur le plan matériel, de l'alimentation, du sommeil, de l'indispensable tendresse, du respect de l'intimité, de l'écoute ou des apprentissages élémentaires du quotidien ou des règles de vie. Ce sont les difficultés psychologiques ou affectives des parents, leurs mauvaises conditions de vie, leur absence, leur incompétence, leur attitude de rejet ou de négligence qui les rendent en partie inaptes à répondre à certains besoins de l'enfant.

Du côté de l'école et des équipes pédagogiques, les obstacles primordiaux sont l'absence de volonté politique, l'insuffisance de moyens, le défaut de formation, le manque de motivation ou d'aptitudes pédagogiques, les difficultés personnelles des enseignants, leur personnalité, qui ne permettent pas toujours à l'écolier d'apprendre dans les meilleures conditions.

DU CÔTÉ DES ENFANTS

Les obstacles à la réussite scolaire sont aussi à rechercher du côté de l'enfant. Ils ont deux causes principales : les causes affectives et les causes instrumentales.

Les causes affectives ou psychologiques concernent des enfants qui ont les outils, les capacités de bien apprendre, mais chez lesquels des facteurs affectifs ou psychologiques gênent ou empêchent l'apprentissage. Citons le manque de confiance en soi, le manque de motivation, le manque d'estime de soi, voire l'état dépressif ; toutes les formes d'anxiété parmi lesquelles la phobie scolaire ou encore l'anxiété de la performance ; les conséquences affectives de la précocité intellectuelle ; les troubles du comportement ; les troubles envahissants du développement affectif et intellectuel

On verra surtout comment les moyens qu'utilise le psychisme pour se protéger des différentes angoisses au fil du développement contribuent à aider ou au contraire handicapent les performances scolaires.

Les causes instrumentales relèvent d'un trouble spécifique de l'apprentissage. Elles seraient en lien avec un défaut de développement au niveau neuronal (des cellules du cerveau) dont l'origine serait peut-être innée. Citons la dyslexie (trouble de l'apprentissage de la lecture), la dysgraphie (trouble de l'écriture dans son tracé), la dysorthographie (trouble de l'orthographe), la dyscalculie (trouble de l'apprentissage numérique), la dyspraxie (trouble de la motricité), les déficits attentionnels (défauts d'attention permanents), mais aussi les troubles du langage tels que la dysphasie.

On pourrait penser que les causes instrumentales, contrairement aux causes affectives ou émotionnelles, ne sont nullement liées à l'« amour ». Mais, en fait, la frontière entre les deux n'est pas si étanche qu'on pourrait le croire. En effet, des facteurs affectifs interfèrent largement dans le développement neuronal et donc dans ses éventuels troubles. De même, les troubles spécifiques de l'apprentissage ont des conséquences affectives, du fait notamment des difficultés scolaires qu'ils entraînent.

À l'inverse, il y aurait aussi des facteurs innés, génétiques, qui favoriseraient tel ou tel trouble psychoaffectif, comme les troubles anxieux ou dépressifs.

Cependant, le fait qu'un trouble soit d'origine génétique n'empêche pas l'environnement de jouer un rôle. Que ces troubles puissent être corrigés le montre bien. En outre, dès l'origine, l'éclosion ou non de troubles génétiques est plus ou moins favorisée, voire autorisée, par des circonstances externes. On parle d'« épigénétisme ». L'épigénétique étudie comment l'histoire de chacun et l'environnement où chacun évolue vont influencer l'expression de ses gènes. À cet égard, il suffit d'observer les différences tant intellectuelles que de comportement entre des vrais jumeaux qui ont le même patrimoine génétique. Ces dissemblances seront d'autant plus marquées qu'ils seront éduqués de façon différenciée, et plus encore s'ils sont séparés et évoluent dans des milieux différents comme cela a pu se voir pour des enfants adoptés. Il est intéressant de noter que ces différences nouvellement acquises peuvent se transmettre aux descendants. Par conséquent, des troubles des fonctions instrumentales, même si elles sont génétiques, vont se développer ou non en fonction des conditions liées à l'environnement de l'enfant et potentiellement se transmettre à la descendance des individus touchés.

Les différentes causes induisant des obstacles à la réussite scolaire ont souvent des origines plurielles. Ainsi, les troubles des conduites qui gênent la scolarité de l'enfant, comme l'hyperactivité avec déficit de l'attention, peuvent être la conséquence de troubles du développement neurologique. Mais d'autres causes sont possibles et ne sont pas incompatibles entre elles, à tel point qu'elles peuvent coexister : défaut d'éducation, troubles anxieux ou dépressifs, mauvaises interactions familiales (parent fusionnel, irrespectueux de l'intimité, parent anxieux, dépressif, couple parental en conflit permanent), réactions à l'environnement scolaire (élèves agressifs, professeur inquiétant).

À ces deux grandes catégories de causes, affectives et instrumentales, s'ajoutent toutes les causes médicales.

Les causes médicales, par l'altération de l'état général, entravent tout type d'apprentissage. Elles incluent aussi les déficits sensoriels (visuels ou auditifs). Cela met en exergue l'importance de la médecine scolaire qui est une médecine de dépistage et de prévention. Dans ces situations de difficultés scolaires d'origine médicale, les parents ont bien sûr un rôle à jouer puisqu'ils participent avec toute leur affection à l'accompagnement des soins médicaux. Ils favorisent ainsi la guérison et participent à l'accompagnement des handicaps qu'ils aident à compenser.

Quelle que soit la nature des obstacles à la réussite scolaire qui trouvent leur origine chez l'enfant, qu'ils soient psychologiques, émotionnels, instrumentaux ou médicaux, l'amour parental joue un rôle dans leur évolution.

2

L'AMOUR DES PARENTS

Les enfants qui réussissent le mieux scolairement, sur toute la durée de leurs études (et pas seulement dans les « petites classes » !), sont ceux les plus animés en divers domaines par un désir puissant d'apprendre, de communiquer et de se dépasser. Ceux dotés d'un fort appétit de vivre. Leurs parents, par leur éducation et leur amour, et de façon moins volontaire par leur personnalité, participent pleinement au développement de cette force psychologique.

Cet élan psychologique qui pousse vers la réussite scolaire, tel le vent marin sur les voiles des navires, puise sa source en différents domaines : les désirs projetés sur l'enfant que les parents expriment ou qu'ils communiquent inconsciemment, l'attachement qui les lie à lui, la sécurité affective qu'ils lui procurent, leur façon de répondre à ses besoins (alimentation, sommeil…), le cadre éducatif qu'ils mettent en place. Ces fondements, conditions d'une bonne réussite scolaire, s'installent dès la naissance de l'enfant, bien avant son entrée à l'école. Il arrive qu'ils remontent plus loin encore, en amont de sa venue au monde, car si l'amour a une histoire, il a aussi une préhistoire.

L'ENFANT DEVIENT CE QUE L'ON IMAGINE DE LUI

Une femme enceinte porte en son esprit un enfant imaginé et un enfant imaginaire qui seront tous deux comparés au futur enfant bien réel, qui se développe dans son ventre.

L'enfant imaginé est celui qu'elle imagine durant sa grossesse, en toute conscience. Elle peut le décrire bien qu'elle reconnaisse que ce savoir n'est qu'une intuition. Elle le perçoit : « *Je sens que c'est un garçon* », dit l'une d'elles. Un ressenti physique sert volontiers d'argument descriptif : « *Il bouge beaucoup, j'espère qu'il ne sera pas hyperactif* », dit une autre. Des croyances populaires, comme l'astrologie, sont parfois prises en compte : « *Il va naître sous le signe de la Balance, il sera artiste ou travaillera dans le domaine de la justice* », peut-on entendre. L'image de cet enfant est influencée par l'état moral et physique dans lequel la mère se trouve durant sa grossesse. Quand les conditions sont idéales pour elle, la mère imagine en général un enfant « aux anges » et porteur de tous les espoirs possibles. Ces représentations influenceront le regard que la mère portera sur son enfant. Ces a priori, à leur tour, joueront un rôle dans le devenir de l'enfant. En effet, les enfants deviennent en partie ce que les parents projettent sur eux en matière d'imaginaire et de désirs.

L'enfant imaginaire relève essentiellement du domaine de l'inconscient. C'est l'enfant que la mère avait en tête quand, petite fille, elle s'imaginait mère – en prenant ou non modèle sur la sienne –, à un âge où elle organisait ses sentiments amoureux et hostiles à l'égard de ses propres parents et du reste de son entourage familial. Il portera les attentes et les craintes inconscientes de la future mère. À chaque grossesse correspond un nouvel enfant imaginaire investi plus ou moins positivement.

····➤ Emma a trois garçons. Dirigeante d'entreprise, elle a des journées chargées. Elle trouve cependant le temps d'accorder beaucoup d'importance à la scolarité de ses enfants. Mais il apparaît que c'est vis-à-vis de l'aîné, François, qu'elle se montre le plus exigeante et le plus sévère dans ce domaine. Pourtant, des trois garçons, c'est celui qui a les meilleurs résultats. Emma se justifie en disant que les autres sont plus autonomes et que, si elle n'était pas derrière François, il s'écroulerait. D'ailleurs, sur les conseils des enseignants, elle l'a « laissé » deux mois sans l'accompagner et ses notes ont chuté.

Il n'est pas rare que l'enfant se conforme au désir du parent et qu'il soutienne inconsciemment son désir de « vivre » sa scolarité avec lui, en s'arrangeant pour échouer quand le parent n'est plus « derrière lui », quitte à se plaindre que ce parent soit parfois trop présent. Comme François, Emma était l'aînée d'une fratrie de trois. Elle avait deux sœurs, mais c'est avec Emma que le père se montrait le plus attaché et le plus exigeant. Son père, qui rêvait d'avoir un garçon, dirigeait une entreprise prestigieuse. François correspond sans doute à l'enfant imaginaire qu'elle aurait aimé avoir avec son papa et sur lequel repose désormais le devoir de reprendre le flambeau de la réussite. ⮜····

L'enfant réel, une fois arrivé au monde, va être comparé à l'enfant imaginé et, inconsciemment, à l'enfant imaginaire. Les premières différences peuvent provoquer une certaine déception qui participe, je pense, au syndrome du « baby blues », cette minidépression qui se déclenche quelques jours après l'accouchement chez une femme sur deux (elle a pour cause, entre autres, le fait que certaines femmes ont du mal à quitter cet état de grâce qu'est la grossesse). Mais ces éléments de réalité qui s'imposent n'empêcheront pas les enfants imaginés, et surtout imaginaires, d'influencer le regard de la mère sur l'enfant qui, de fait, ne lui apparaîtra pas comme un inconnu.

À ce regard s'ajoutera celui du père. Si le concept d'enfant imaginaire n'a jusqu'alors été décrit que chez la mère, il existe probablement aussi chez beaucoup de nouveaux pères, tant ces derniers accompagnent de plus en plus physiquement et émotionnellement la grossesse de leur femme, et sont en empathie avec elle jusqu'à faire parfois des couvades[2]. De plus, j'ai constaté en consultation que les petits garçons, même s'ils ne jouent pas à la poupée, se projettent désormais volontiers en tant que pères, et ce bien davantage qu'autrefois. Ils répondent parfois avec une précision étonnante au sujet des enfants qu'ils aimeraient avoir : « Moi, me dit Paul, 4 ans, fils unique, je voudrais avoir deux garçons, comme ça je pourrais jouer avec eux. » Et quand je lui demande avec qui il aimerait les avoir, il me répond sur le ton de l'évidence : « Ben, avec Maman ! »

Ce que les parents imaginent de leur futur enfant, consciemment ou inconsciemment, joue un rôle fondamental dans la construction de l'enfant et en particulier dans sa réussite scolaire future, selon qu'on envisage qu'il tiendra du grand-père ingénieur ou de l'oncle plus sportif que studieux à l'école. D'autres facteurs influents vont atténuer les premiers. Ce sont notamment les regards des autres membres de la famille et de l'entourage social, mais aussi les modèles extérieurs que se choisira l'enfant. Mais l'enfant n'est pas de la pâte à modeler et, au carrefour d'influences diverses, il respectera ou non les « projections » qui sont faites sur lui.

2. La couvade définit l'ensemble des signes qui surviennent chez le futur père et qui évoquent une grossesse (prise de poids localisée sur l'abdomen, nausées, maux de tête...). On note également parfois des modifications hormonales telles qu'une baisse de la testostérone, l'hormone mâle, et une augmentation de la prolactine, hormone de la lactation chez la femme.

« J'ai toujours été considéré comme un cancre par toute ma famille », se souvient Daniel, 35 ans. « Dès que je suis né, mon entourage a estimé, et ma mère la première, que j'étais le portrait de mon père. Cela sonnait alors positivement dans la bouche de ma mère, mais beaucoup moins dans celle de sa famille. On a continué les années qui suivirent à décréter que j'étais bien comme mon père en différentes occasions. J'avais 6 ans quand mon père a quitté le foyer, nous laissant, mes sœurs et moi, à ma mère aidée de ses parents. Mes difficultés scolaires amorcées dès la maternelle s'accentuèrent en CP. Rien d'étonnant pour tout mon petit monde : mon père a toujours été un bon à rien, et comme je tenais de lui... En fin de CM1, je savais à peine lire et je ne dépassais pas le niveau de l'addition en calcul. Ayant déjà redoublé, je suis cependant passé en CM2. Cette année-là, j'ai eu la chance d'avoir un professeur qui m'appréciait beaucoup. Il croyait en mon intelligence. Il m'a pris sous son aile et grâce à lui, j'ai connu une progression spectaculaire. En une année, il m'a fait suivre un programme personnalisé. Motivé par sa foi en moi et par son affection, j'ai obtenu une remise à niveau totale. Grâce à ce regard différent, peut-être un regard paternel, qui me faisait défaut, j'ai pu changer mon destin et faire des études supérieures. J'ai gardé contact avec ce professeur. Il est d'ailleurs devenu le parrain de mon premier fils. »

L'entrée d'un homme dans la vie est comme l'entrée dans un village, marquée par un nom. Et le nom en dit beaucoup sur l'un comme sur l'autre.

LE PRÉNOM FAIT L'ÉLÈVE

Je ne serais pas surpris qu'une étude révèle qu'en fonction du prénom choisi, la réussite scolaire diffère. Déjà, des recherches récentes ont montré que le nom influençait le choix professionnel. Le choix du prénom donne une indication sur les attentes parentales. Et à ce titre, il exerce probablement une influence sur le devenir de l'enfant. Le prénom est un signifiant verbal dans lequel l'enfant va se reconnaître et qui participera donc à l'image qu'il aura de lui-même. Son « je » s'élaborera autour de ce prénom. Il se voit dans le regard de ses parents et se reconnaît à l'énoncé de son prénom. Il dira par exemple : « Jonathan veut » avant « je veux ».

Le prénom possède des caractéristiques « physiques » aux oreilles du jeune enfant dont la pensée est, avant 7 ans, très concrète : une dimension, court comme Léa ou étiré comme Maximilien, simple comme Job ou composé comme Marie-Madeleine. Sa sonorité est rocailleuse comme Pierre, vive comme Lancelot, fleurie comme Florent ou douce comme Marlène. Il a surtout une portée symbolique : il possède un sens commun à une culture à laquelle il appartient, et un sens particulier, propre au parent qui l'a choisi. « Alexandre » évoque le pouvoir et la puissance. On ne s'étonnera pas de trouver chez l'enfant qui porte ce prénom un caractère volontaire qui peut devenir un atout dans le domaine scolaire. Le prénom féminin Diane, évoquant la déesse chasseresse, offrira des atouts similaires. Il n'y a pas lieu d'être surpris qu'un enfant prénommé Raphaël ait une sensibilité plutôt artistique. Actuellement, les héros de séries télévisées américaines sont les parrains de nombreux enfants de milieux populaires. Quand, chez ces personnages, l'action domine la réflexion, cela ne favorise pas l'investissement scolaire de leurs filleuls. Au-delà du sens commun, le sens propre à chaque parent est intéressant à révéler. Il procède de désirs conscients ou inconscients.

····➤ Un père de famille que je voyais en dispensaire dans le Val-d'Oise avait nommé son fils Édouard. Ce prénom détonnait au sein de son entourage familial et social. Il apparaissait suranné, bourgeois, pompeux. Pour le père, c'était un prénom « de roi ou de banquier ». Il avait précisé : « Je sais qu'il ne sera pas roi mais je ne désespère pas qu'il soit banquier », ce qui, pour ce père de famille d'un milieu très défavorisé, peinant à joindre les deux bouts et connu de sa banque pour ses découverts, était lourd de sens. Jusqu'à présent, son fils, très bon élève, va plutôt dans le sillage des vœux conscients de son père. Quel métier l'attire ? Il s'imagine volontiers président de la République... ⮜····

Le choix du deuxième, voire du troisième prénom est également un facteur d'influence éventuelle. Il y a un demi-siècle, c'était le deuxième prénom qui était le plus chargé affectivement ; le premier répondant avant tout aux convenances familiales et sociales. Aujourd'hui, la loi permet aux parents de choisir le premier prénom de leur choix sans risque de le voir interdire par l'officier d'état civil qui le trouverait inconvenant dans l'intérêt de l'enfant. Cependant, le deuxième accorde quelquefois un sens symbolique au premier. Je demande toujours à mes patients leurs autres prénoms. J'ai par exemple suivi un adolescent qui s'appelait Yvan. J'appris que son deuxième prénom était Gilles. Je n'étais guère surpris qu'il veuille être prêtre (Yvan Gilles/Évangile). Voici un dernier cas où le prénom pèse de tout son poids : celui de Vivien, que j'ai reçu pour de graves difficultés scolaires.

····➤ C'était un enfant de 9 ans qui m'était adressé sur conseil de l'école pour hyperactivité avec déficit de l'attention. Les parents sont venus me voir, résignés à demander un traitement médicamenteux en raison d'un état d'agitation permanente, un refus d'obéir aux règles, des difficultés à se coucher tous les soirs et un rejet de l'école, entre autres symptômes pénibles. « Il n'a jamais été un garçon facile. Tout petit déjà, il refusait de manger, d'ailleurs, voyez, il n'est pas bien gros. Il a toujours eu un caractère d'opposant. Il prend des risques insensés. Il faut toujours avoir un œil sur lui. Il ne tient pas en place. Il a été suivi en psychomotricité et en orthophonie, ça lui a fait un peu de bien, mais il reste encore très difficile. »

Je fais la connaissance de Vivien, un garçon maigre avec des cernes sous les yeux, dus au manque de sommeil, qui lui donnent un air cadavérique. Il a l'air grave, malgré ses sourires en réponse à mes propos volontairement badins, et il ne tient pas en place sur sa chaise. J'observe chez lui un état d'hypervigilance. Rien n'échappe à son regard vif. Je ressens plus que je ne constate un fond anxieux généralisé chez cet enfant qui semble satisfait de rencontrer un « docteur des soucis », comme je me présente à lui. Au-delà de son apparence, c'est son prénom qui m'aidera à poser le diagnostic dès le premier rendez-vous. Vivien est le premier enfant d'une fratrie de trois. Ses deux sœurs se portent bien. Je questionne sa mère :

– Des grossesses non menées à terme ?

– Non, aucune.

– Vivien ? Pourquoi avoir choisi ce prénom ?

– Je ne sais pas, me répond la mère, comme ça, sans raison particulière.

J'insiste :

– Le prénom d'un parent ? Un personnage de roman ?

– Non rien, aucune raison.

En revanche, quand je la questionne sur les prénoms de ses filles, j'ai droit à des références très précises : une amie d'enfance de la mère, une actrice que le père adore. Je reviens vers le père au sujet du choix du prénom. Il me dit ne pas savoir non plus. « J'ai laissé ma femme choisir », et il me précise face à mon insistance : « Je n'avais plus d'idée. » Plus d'idée ! Mais c'était le premier-né ? Comment cela plus d'idée ? Silence. Et ce n'est pas un prénom tellement dans l'air du temps. Vous êtes certains qu'il n'y a pas eu de grossesse interrompue ? Je sens la tension monter devant mon insistance. Le père me fusille du regard tout en s'agitant. À l'inverse, Vivien, qui avait commencé à tourbillonner dans le bureau, s'est arrêté net et nous regarde. C'est alors que la mère fond en larmes et raconte, comme si elle se confessait, ce fœtus mort dans son ventre, un garçon, alors que rien ne laissait présager une issue si dramatique à cette première grossesse qui évoluait sans problème. Un silence de mort avait suivi ce drame. Le sourire n'est revenu dans le couple qu'à l'occasion de la naissance, un an et demi plus tard, de Vivien.

Vivien, vie vient. La vie est revenue avec lui. La vie du bébé mort avant tout, avant celle de Vivien. Il arrive, après la mort d'un aîné, que les parents établissent une collusion et confondent le fœtus disparu avec le nouveau-né. C'est un processus inconscient de la part de la mère ou des parents, visant à nier la disparition. Symboliquement, il s'agit d'une réincarnation. Vivien a remplacé l'absent et a eu pour mission de faire vivre son aîné et les espoirs qu'il portait. Vivien, sans que cela ne lui soit dit, est né avec ce mandat, cette charge, cette fonction. Mais Vivien s'est rebellé. Il a lutté contre ce rôle qu'on a voulu lui attribuer, il a refusé d'être à la hauteur de cet être idéalisé, sans défaut. Sa résistance s'est traduite par un comportement hyperactif. Comme s'il cherchait à échapper à la mort, il refusait le coucher pour ne pas devenir un gisant. Il refusait les règles qui étaient pour lui mortifères car restrictives. Anxieux, toujours sur ses gardes comme pour échapper à une menace vitale permanente, il ne pouvait se rendre disponible pour les apprentissages scolaires qui nécessitaient un positionnement trop passif pour lui. Cette mort qui n'a pas été dite, dont le deuil n'a pas été porté par les parents, s'est installée en Vivien, et son anorexie la représente.

La libération de Vivien a été possible grâce à la prise en charge psychologique des parents et au travail de deuil qu'ils ont pu entreprendre. Suivi également de son côté, Vivien a trouvé progressivement, sur une période d'un an, le plaisir de se coucher et de manger, le bonheur d'être calme et d'apprendre sereinement. Cette année, ses camarades (qui ont sans doute constaté le changement opéré en lui) lui ont donné un surnom : Phénix, tiré du nom d'un chevalier dans une série manga qu'ils affectionnent tous. C'est avec ce surnom qu'il se présente désormais. Sait-il quel oiseau légendaire il désigne ?

Au Moyen Âge, les prénoms donnés à la naissance n'étaient pas définitifs. La mortalité infantile importante et le statut mal défini des petits enfants, considérés comme très immatures, expliquent sans doute qu'il était possible de changer le prénom d'un enfant avant l'âge de sept ans, c'est-à-dire avant le sacrement de confirmation donné par le prêtre. Les motivations en faveur d'un tel changement pouvaient être par exemple la volonté de rendre hommage à un parent décédé après la naissance de l'enfant, ou encore le tempérament affiché par l'enfant qui imposait de faire un nouveau choix lui correspondant mieux. Plusieurs enfants d'une même fratrie pouvaient avoir le même prénom, auquel, pour les différencier, on attribuait un qualificatif comme on le faisait pour les rois : Jean le sage, Jean le bon, Jean le fort.

De nos jours, le caractère irrévocable du prénom est compensé par les pseudonymes, les diminutifs (Lolo pour Laurent) et les noms tendres comme « ma puce », « mon poussin » ou d'autres plus prosaïques qui ont aussi leur part d'influence. Je pense à ces enfants en difficulté scolaire qui ont eu droit, petits, à des surnoms débilitants tels que « mon chamalow », voire dévalorisants comme « ma bouboule ». À l'autre extrémité, je pense à cet enfant, excellent élève, baptisé par son père dès sa naissance (en raison de ses caractéristiques physiques) ma « grosse tête ». Je ne peux évidemment pas affirmer qu'il y a un lien de cause à effet pour ce dernier, mais les propos de sa maman vont dans ce sens : « On a su dès sa naissance qu'il serait intelligent .»

Enfin, le prénom le plus influent sur l'enfant est parfois celui qu'on n'attribue pas. Mais qu'on aurait aimé donner si l'on avait osé ou si le conjoint ne s'y était pas opposé.

Mattéo est bien dans sa peau, mais en classe il n'écoute pas, il rêvasse et il attend que ça passe. Il rêve de football et attend la fin de la journée d'école pour y jouer en bas de chez lui. Le foot est sa passion et tout le reste n'est fait que de contraintes qui se mettent en travers de celle-ci. S'il s'appelle Mattéo, c'est sur l'insistance de sa mère qui a refusé, même en deuxième prénom, que son père l'appelle Zinédine...

LES DÉSIRS DES PARENTS

Le prénom n'est que la pointe émergée de l'immensité des désirs projetés par les parents, consciemment ou non, sur leur enfant. On a vu combien l'« enfant imaginé » et l'« enfant imaginaire » influençaient l'enfant réel. Mais les projections des désirs parentaux perdurent quand l'enfant paraît. On a tous été sous influence. Et tant mieux ! Sinon nous ne serions pas. Un enfant qui ne recevrait aucune projection, ce qui est le cas, comme on le verra, avec les bébés déprimés, dépérirait ou perdrait toute animation. C'est le propre de l'homme que de projeter ses aspirations sur ses petits. C'est ce qui permet à l'enfant qui les reçoit de développer sa propre pensée : « Je pense car on m'a pensé », aurait pu ajouter Descartes. Il y a des désirs conscients, parmi lesquels le souhait que son enfant réussisse ses études ou fasse tel ou tel métier, et des désirs moins conscients (on parle de « désirs préconscients ») ou totalement inconscients. Sur leurs enfants, les parents projettent non seulement leurs désirs, mais aussi leurs craintes, qui sont parfois des désirs refoulés, masqués car non assumés par le conscient (par exemple, qu'un enfant ressemble à un parent, alors que ce dernier a lui-même échoué sur le plan des études). Le parent maternant, c'est-à-dire celui qui s'occupe du quotidien, projette quantitativement davantage de désir que les autres membres de la famille. Ce sont ses projections qui ont le plus de poids en règle générale. Mais les projections peuvent être plurielles si l'enfant est bien entouré et bien investi par son entourage. Cela offre à l'enfant plus de liberté de choix et de combinaisons possibles allant dans le sens de son désir propre. Car ce dernier s'élabore progressivement à partir de ce qui lui est ou non proposé, un enfant pouvant désirer ce qui précisément lui fait défaut.

C'est le cas de Kevin que je reçois au dispensaire pour une énurésie (pipi au lit), et qui se trouve être par ailleurs un excellent élève. Il est le seul de sa nombreuse fratrie à s'investir autant dans le domaine scolaire et à si bien réussir, sans être pour autant un enfant précoce, tandis que ses frères et sœurs ont plutôt des résultats médiocres. Or ses parents semblent indifférents à cela. Ces derniers sont des gens du voyage, très aimants, mais n'ayant eux-mêmes pratiquement pas été à l'école. Ils se désintéressent de la scolarité de leurs enfants, préférant investir d'autres compétences. Cependant, les parents ne dévalorisent pas l'école. Ils respectent la loi d'obligation scolaire, mais ont un rapport neutre, dénué de tout intérêt à son endroit. Kevin, un garçon intelligent et « bien » aimé de ses parents, a ainsi trouvé dans le champ scolaire un espace libre de toutes les projections familiales, dans lequel il a laissé prospérer le désir d'indépendance qui alimente sa réussite.

Il est important, quand un enfant semble en peine à l'école, d'enquêter sur les désirs qui ont été et qui sont projetés sur lui, et sur la façon dont l'enfant a traduit personnellement ces désirs, même si cela est difficile sans la participation d'un professionnel.

Anna a deux enfants, des « faux » jumeaux âgés de 9 ans dont l'un réussit convenablement en classe tandis que son frère Jonathan est en échec. C'est pourtant un enfant intelligent que je reçois en consultation, sans trouble particulier, et qui serait bien dans sa peau s'il ne vivait pas douloureusement la déception de ses parents. Son père, surtout, vit très mal l'échec de son fils et n'a de cesse de le lui reprocher, au grand dam de sa mère, plus compréhensive. Jonathan est un enfant sociable, agréable et curieux, mais qui semble s'ennuyer en cours et qui n'est heureux que lorsqu'il s'ébroue dans la nature, quelle que soit la saison. Heureusement pour lui, les parents amènent souvent leurs enfants en forêt ou à la campagne pendant le week-end. Il ne m'a pas fallu beaucoup de temps pour réaliser que le père projetait beaucoup de désirs propres à son propre père sur son fils Jonathan. Or, le grand-père paternel de Jonathan, décédé peu avant la naissance des garçons, était un agriculteur farouchement attaché à sa terre du Cantal et à sa ferme. Un homme qui avait quitté la communale avant la fin de la scolarité obligatoire pour travailler directement avec son propre père, fermier. Un homme ouvert aux autres, aux nouvelles technologies agricoles, et qui avait fait prospérer l'héritage de son père. Un homme, enfin, très déçu que son fils unique ne prenne pas sa suite, préférant « monter à la capitale » mener brillamment sa carrière dans la banque. À son tour, le fils déçoit le père.

Je ne serais pas surpris que Jonathan, qui aime tant la nature et les animaux, décide de s'orienter plus tard dans le domaine agricole. D'ailleurs, bien qu'il soit « grand », il s'intéresse à la ferme-jouet qu'il trouve dans mon cabinet. On pourrait croire que Jonathan s'oppose inconsciemment à son père comme ce dernier s'est opposé au sien, mais la réalité est plus complexe. Jonathan, bien que critiqué par son père, répond à un désir inconscient de sa part : réparer sa faute de n'avoir pas repris la succession de son propre père. En les éclairant l'un et l'autre au sujet de ces filiations de désirs, en laissant entendre à l'inconscient de Jonathan que la réussite scolaire ne l'empêcherait pas de reprendre le flambeau de l'ancêtre – bien au contraire, compte tenu de l'évolution des techniques agricoles –, en suggérant au père de Jonathan d'accepter ses propres désirs contradictoires, les tensions se sont dissipées. Jonathan n'est pas devenu premier de la classe, mais son investissement et ses notes ont beaucoup progressé, jusqu'à atteindre la moyenne de la classe, et la menace de redoublement s'est envolée.

Quelle que soit la nature des désirs, l'enfant reste un partenaire actif. Il n'est pas modelable à l'envi. Il ira ou non dans le sens des désirs projetés sur lui, ou bien encore trouvera un compromis entre ces différents désirs et craintes. Dans tous les cas, il les interprétera à sa façon.

Antoine était un enfant que sa famille de médecins espérait voir devenir médecin à son tour. Après des études chaotiques qui ont désespéré ses parents et un engagement politique qui ne les a pas enthousiasmés, il est devenu conseiller d'un ministre de la Santé. Il a ainsi trouvé un compromis entre les désirs familiaux et ses choix individuels. La fratrie s'arrange souvent inconsciemment pour réaliser les multiples désirs plus ou moins avouables des parents.

Si Clémentine s'est autorisée à devenir comédienne dans une famille de hauts fonctionnaires, c'est sans doute grâce à ses deux frères qui ont mené de brillantes études, satisfaisant ainsi le désir de réussite conventionnel de leurs parents. C'est seulement à l'âge adulte que Clémentine apprit que son père, qui avait été très contrarié par le faible investissement de sa fille au collège et au lycée et plutôt hostile à son choix de mener une carrière artistique, avait lui-même rêvé jeune homme de faire du cinéma. Il avait même fait des figurations lors de ses études, sans jamais vraiment oser sauter le pas.

Les désirs sont fondamentaux pour aider l'enfant à « devenir quelqu'un ». Cependant, arroser un enfant de désirs, aussi engageants soient-ils, ne le fera pas « pousser » convenablement si le terreau affectif n'est pas consistant.

LES PREMIERS LIENS QUI SÉCURISENT

La sécurité affective de base est un socle fondamental sur lequel l'enfant prend appui, notamment pour bien apprendre à l'école ou ailleurs. Elle s'acquiert petit à petit dès la naissance pour se renforcer idéalement avec le temps ; mais il est vrai qu'en ce domaine, les premières années sont les plus structurantes. Cette sécurité affective permet à chacun d'entre nous d'être en paix avec lui-même et de se sentir serein, une fois, bien sûr, que les besoins fondamentaux sont satisfaits. Elle ne préserve pas de la tristesse ou de l'angoisse, puisqu'il est dans la nature humaine de les vivre à l'occasion d'une rupture, d'un échec, d'une maladie grave, d'une situation de danger objective. En revanche, quand cette sécurité est assurée, elle permet de profiter du temps présent, d'avoir un regard apaisé sur le passé et d'anticiper l'avenir avec confiance sans pour autant nier la possibilité de difficultés présentes ou à venir. Elle aide même à accepter l'idée de la mort. Les parents ou les substituts parentaux en sont habituellement les garants.

Les conditions de la mise en place d'une sécurité affective reposent tout d'abord sur les capacités d'attachement entre l'enfant et les parents. L'attachement rend possible la naissance de l'amour, mais aussi les sentiments de bien-être et de sécurité. Les difficultés à générer cet attachement sont à l'origine d'anxiété et de dépression chez l'enfant comme chez l'adulte qu'il deviendra.

Le nourrisson va s'attacher aux personnes qui s'occupent de lui, que ces figures d'attachement remplissent convenablement ou non leurs tâches de parents. Il va adopter, dès la naissance, un ensemble de comportements qui lui permettront de solliciter et de maintenir auprès de lui le parent maternant. Parmi eux, citons pour le nouveau-né les comportements d'aversion ou d'opposition tels que les pleurs ou les cris, les signaux de communication (babillage, sourire), les actions non réflexes d'agrippement, de succion (baiser), etc. Ce répertoire est inné comme l'est la recherche d'une relation interhumaine[3] qui vise le rapprochement de l'enfant avec un parent pour assurer sa survie. Le bébé aura également la capacité de s'adapter et de développer des stratégies secondaires dans le cas où le parent apparaîtrait moins présent en termes de quantité ou de qualité de présence. Ainsi, le bambin pourra minimiser son système d'attachement, c'est-à-dire se montrer plus discret et moins demandeur s'il sent que son parent maternant semble mal supporter ses sollicitations affectives, s'en irrite et s'éloigne. À l'inverse, le bébé pourra « hyperactiver » son système d'attachement, par exemple en manifestant des signaux de détresse (cris, pleurs, agitations) en cas d'absence, ou bien des signaux de grand plaisir (sourires appuyés, joie explosive) en cas de retour, dans la mesure où les stratégies primaires ne permettraient pas d'obtenir une présence, une attention, un intérêt et un réconfort satisfaisants de la part du parent.

3. Ou avec un mammifère, comme on l'a vu dans des cas d'enfants dits « sauvages », élevés par des animaux.

Quand les liens affectifs ne se tissent pas

Malheureusement, l'enfant ne parvient pas toujours à trouver la bonne stratégie et paraît embrouillé, ayant peur du parent ou pour le parent. C'est ce qui se passe quand celui-ci a une attitude désorganisée, incohérente, par exemple en raison de troubles psychologiques, voire quand il est directement maltraitant.

Un handicap dans la communication chez l'enfant en raison d'un trouble du développement (par exemple chez un enfant autiste), ou d'une déficience sensorielle (enfant sourd ou malvoyant) peut également empêcher l'attachement du parent à son enfant. Car un nourrisson qui ne répond pas, qui ne capte pas les messages adressés par sa mère ou qui n'a pas les capacités motrices ou neurologiques d'accuser réception en réagissant à ces messages comme elle s'y attend, entraînera chez sa mère le sentiment de ne pas être reconnue par son enfant, voire d'être rejetée. Elle risque alors de ne pas s'attacher suffisamment à lui.

Mais les troubles du développement sont aussi la conséquence d'un mauvais accord affectif entre l'enfant et ses parents. C'est le cas quand une mère présente une **dépression larvée**. Cette dépression peut être antérieure à la grossesse ou réveillée par la maternité, liée par exemple à des traumatismes antérieurs qui resurgissent, tels qu'une fausse couche ou des troubles liés à une enfance insécure[4]. Le caractère larvé d'un état dépressif n'est pas assez franc pour être bien repéré et traité, mais suffisamment présent pour provoquer des troubles majeurs dans les interactions avec le nourrisson. Les conséquences de cette dépression sont accrues si elle coexiste avec d'autres situations négatives telles qu'un conflit de couple (favorisé par la dépression larvée), un changement de nourrice ou la présence d'une nourrice de piètre qualité, un problème de santé physique chez l'enfant, etc.

En dehors de la dépression larvée, d'autres troubles sont possibles. Parmi les plus difficiles à repérer existe la **« relation blanche »**. Dans celle-ci, la mère répond aux besoins de l'enfant (il est lavé, nourri,

4. N'ayant pas bénéficié de relation d'attachement sécurisante.

changé) avec une grande application. Elle peut apparaître comme une mère parfaite de ce point de vue, mais elle est verrouillée affectivement, robotisée, ne mobilisant aucun imaginaire avec son enfant, ne désirant rien d'autre qu'il grandisse bien, dorme bien et mange bien. Elle ne fantasme rien au sujet de son enfant, ne le percevant que dans sa réalité physique. Quand les échanges entre la mère et son enfant sont impossibles, interrompus de façon répétitive, perturbés ou très pauvres comme dans la « relation blanche », ils viennent altérer les capacités de perception et de communication de l'enfant. Car l'enfant peut s'en protéger par un repli sur lui-même. Il n'aura d'ailleurs pas d'autre choix si la mère est absente dans sa communication verbale et non verbale, voire physiquement. En panne de stimulation, l'enfant va chercher à l'intérieur de lui-même ses propres stimulants. Il va se mettre à l'écoute de ses processus internes (battements de cœur, écoulement de fluide). Détaché de la réalité ambiante, il peut se construire une pseudo-réalité de substitution où le réel et le fantasmatique se mêlent en un ensemble dysharmonique, discordant, où le sens des choses devient pour l'enfant totalement singulier.

Les troubles des interactions entre l'enfant et le parent maternant provoquent également des troubles de l'image de soi. En effet, l'enfant apprend à se voir, à avoir une représentation correcte de son image corporelle grâce à la régularité d'une relation harmonieuse. Si celle-ci est perturbée, il risque d'avoir de lui une représentation déformée, éclatée, dysharmonieuse, comme dans le reflet d'un miroir brisé, à l'image des jeunes filles anorexiques qui se voient obèses alors qu'elles sont cachectiques (extrêmement maigres).

Ces questions d'attachement se transmettent volontiers d'une génération à l'autre. L'amour des parents est influencé par l'amour reçu de leurs propres parents, lui-même influencé par l'amour reçu de leurs parents respectifs. Ainsi, un parent ayant été pénalisé par les attitudes insécurisantes de ses propres parents risque de répéter sur ses enfants (ou sur l'un d'entre eux seulement, selon qu'il se reconnaît plus ou moins dans cet enfant) une indifférence ou un rejet non intentionnel.

L'inverse est, bien sûr, possible : quand le parent exerce, en raison d'une carence affective personnelle, une présence excessive auprès de son enfant, ne lui laissant aucune autonomie et le maintenant dans un lien de dépendance extrême, ce sera aussi préjudiciable aux capacités scolaires de l'enfant. Heureusement, une prise en charge thérapeutique est possible en aidant le parent à se défaire de l'emprise de son passé, en le revisitant afin de mettre en place un nouveau modèle interne d'attachement. Plusieurs figures d'attachement sont possibles. Parfois, selon les cultures, les milieux ou les personnalités une répartition des tâches de chacun de ces individus auprès de l'enfant est observable. Ainsi, un parent pourra prendre en charge les activités sociales et ludiques, tandis que l'autre s'occupera des soins physiques ou de la santé de l'enfant. Cependant, une figure d'attachement privilégiée est habituellement la règle. C'est souvent la personne qui porte le plus le bébé ou qui a le plus d'interaction avec lui, mais pas toujours.

BIEN ATTACHÉ POUR BIEN DÉCOLLER

L'enfant va intégrer un modèle d'attachement qui aura plus tard une influence sur la manière dont il dirigera ses propres modes d'attache. Cela aura notamment des conséquences sur sa scolarité. Ainsi, un enfant habitué à s'agiter et à faire preuve de fortes démonstrations émotionnelles pour capter l'attention d'un parent toujours morne sera amené à agir avec la même outrance en classe pour obtenir la simple attention de son professeur. En retour, il risquera de subir un florilège de réprimandes, voire un rejet total. À l'inverse, d'autres enfants insécures se montreront détachés, indifférents et réticents à demander de l'aide aux professeurs. D'autres encore, insécures de type craintif, se montreront méfiants vis-à-vis des enseignants. Généralement, les enfants insécures ont une vision négative d'eux-mêmes et d'autrui. Ils n'accordent aucune confiance dans leurs relations avec les autres. Ils sont méfiants ou, au contraire, totalement dépendants d'autrui, prétendant avoir des dizaines d'amis, alors qu'ils se contentent de quelques contacts superficiels. Pour eux, les relations sont source de frustration. Ils sont peu aptes à négocier. Face à une situation conflictuelle, ils vont se laisser faire, ou à l'inverse se mettre en colère et entrer en conflit frontalement. Les enfants insécures entretiennent le sentiment de ne pas mériter d'être aimés et induisent, en conséquence, la dévalorisation par autrui ainsi que les conduites d'échec, notamment scolaires. Ces conduites d'échec sont variables. Elles associent de mauvaises attitudes en classe, des maladresses physiques, des oublis, des manques d'attention, des défauts de concentration et du découragement. Ces comportements peuvent paraître irrationnels. Ils le sont dans le sens où ils pénalisent l'individu, mais ils correspondent cependant à la logique d'un schéma de pensée négatif intégré par l'enfant. Ils sont cohérents avec l'image que l'enfant a de lui. En revanche, les enfants sécures, c'est-à-dire ayant un bon sentiment de sécurité interne, sont plus autonomes dans leur travail tout en n'hésitant pas à s'ouvrir à leurs camarades de classe ou au professeur et à nouer des liens avec eux. Ils ont davantage confiance en eux et adoptent une attitude offensive à l'occasion des épreuves scolaires. Ils ne sont pas parasités dans les temps d'apprentissages par des angoisses diverses qui les empêcheraient d'être attentifs et de se concentrer.

Beaucoup d'enfants considérés hyperactifs avec un déficit de l'attention sont en fait des enfants ayant subi des troubles de l'attachement. De tels états nécessitent de la part des enseignants et du personnel éducatif beaucoup de patience, de tolérance, de souplesse, de fermeté bienveillante, mais aussi d'empathie et d'affection (il n'est pas interdit aux professionnels de l'éducation d'exprimer de l'affection chaste). L'enfant qui n'a pas bénéficié d'un attachement sécure continue d'en éprouver le besoin en grandissant, mais il s'en défend et continue de s'exprimer sur un mode analogue à celui de sa petite enfance. C'est-à-dire que ces attitudes de repli protecteur, d'exubérance émotionnelle, d'opposition, de résistance, de désinvestissement du plaisir ou de la réussite, de régression, qui l'ont protégé petit, sont désormais inadéquates et handicapantes à l'école. Quand bien même il serait entouré de personnes compréhensives aujourd'hui, le mauvais pli est pris et il faudra du temps et beaucoup de patience de la part de cet entourage, avec aussi idéalement une prise en charge psychothérapeutique pour l'en dégager plus rapidement. L'enseignant l'aidera en percevant derrière cet état un enfant qui demande de l'aide, en lui offrant un cadre sécurisant, en se présentant comme un adulte solide, bienveillant malgré tout, et qui, surtout, ne le laisse pas « tomber ».

On voit que le champ de la réussite scolaire s'inscrit dans un domaine plus vaste encore et qui correspond au développement global de l'enfant. Les racines de la réussite scolaire se situent bien en amont de l'entrée à l'école et existent parfois avant même que l'enfant ne vienne au monde. Le développement intellectuel (cognitif), le développement du langage et de la motricité et le développement affectif ou psychologique sont intimement liés. La réussite scolaire réside dans le bon développement de chacune de ces branches et dans leur bonne conjonction.

COMMENT OFFRIR À SON JEUNE ENFANT UN ATTACHEMENT SÉCURISANT

Entre le parent et l'enfant, toute une gamme d'échanges se met en place. Des échanges de corps à corps et d'humeurs (salive des baisers, sel de la peau, lait du sein, urine et larmes de l'enfant). Des échanges d'imaginaires, de regards, de sons. Le parent qui assure un attachement sécurisant est sensible aux attentes de son enfant. Il va anticiper les pensées et les souhaits de l'enfant en chacun de ses apprentissages. Il est capable de percevoir et d'interpréter les signes d'appel de son enfant et d'y répondre à temps de manière adéquate. Il est aussi apte à décoder ses états mentaux (sentiments, émotions, intentions, besoins exprimés) et à relier les attitudes de l'enfant avec ceux-ci : « Oh, tu es en colère », pensera-t-il devant telle grimace. « Tu me tends la main », dira-t-il devant une ébauche motrice du nourrisson. Le parent doit aussi être capable d'investir émotionnellement son enfant, c'est-à-dire de lui attribuer des intentions, des pensées, des désirs, pour l'aider justement à mieux les élaborer et à les accorder à son attitude. En effet, le parent donne un sens aux diverses productions du nourrisson. Il les interprète et y répond de façon singulière par sa parole, sa posture et sa façon de tenir l'enfant, ou par une action, par exemple en riant, en criant, en le portant, en le reposant, en le caressant ou en changeant ses couches. Le parent doit aussi être apte à décoder ses propres états émotionnels quand il est en interaction avec son enfant. On comprend aisément que des anticipations mal à propos, trop stimulantes, discordantes, discontinues, incohérentes, insuffisantes ou excessives, peuvent générer des troubles de l'attachement. Ainsi, l'attitude d'une mère qui consisterait à donner systématiquement un biberon au moindre cri, et ce de façon quasi impulsive, sans autre forme d'échange, serait préjudiciable à l'enfant.

Bien sûr, il s'agit pour le parent de prendre soin physiquement et affectivement de l'enfant. La continuité affective est indispensable. Autrement dit, le contact avec l'enfant doit s'inscrire dans un lien continu sans rupture physique ou morale prolongée (attention à une présence physique qui serait associée à une absence psychologique en raison, par exemple, de préoccupations intenses ou d'un état dépressif). Plus l'enfant est jeune, moins les séparations doivent être longues. Pour l'enfant de moins de 12 ans, ces séparations demandent un effort quand elles sont supérieures à une nuit par année d'âge (une nuit pour un nouveau-né, quatre nuits pour un enfant de 4 ans, etc.). L'autonomisation de l'enfant se fait de manière progressive. On le soutient dans ses tentatives d'émancipation, on lui montre comment faire et on reste à ses côtés pendant qu'il agit afin d'assurer sa sécurité. On évite les conflits de couple devant lui, surtout s'ils sont chroniques, car ils favorisent chez lui notamment la peur de la séparation, un état d'hypervigilance et des comportements violents. On se garde également d'en faire le confident de tous ses mal-être et son unique interlocuteur. Et, *last but no least*, on respecte au mieux son intimité. Mais quand l'enfant grandira, un attachement rassurant passera aussi par la mise en place de règles éducatives qu'il intégrera progressivement et qui participeront à la définition d'un cadre sécurisant.

Qui aime bien, limite bien

L'amour d'une mère ou d'un père est souvent sans limites. Pourtant, aimer son enfant, c'est aussi lui poser des limites et lui apprendre à s'en poser lui-même afin de lui permettre de s'intégrer dans la société des hommes et de lui donner la capacité de maîtriser ses diverses pulsions. C'est un point fondamental dans la réussite à l'école, et pas seulement pour obtenir de bons résultats scolaires. Un enfant qui a intégré les règles de la vie sociale s'accommodera plus aisément à la vie de l'école et à ses règlements internes. Il supportera de rester assis une journée entière, d'écouter l'enseignant et de respecter ses consignes. Il sera mieux accepté par ses camarades de classe qui, s'ils peuvent être fascinés par un enfant qui transgresse sans cesse, ne s'engagent pas en amitié avec lui. Un « enfant roi » auquel on cèderait tout, auquel on éviterait toute frustration, se sentirait au-dessus des lois, au-dessus de ses parents et ne chercherait plus à apprendre ni d'eux ni de personne. De plus, s'il se croit supérieur à ceux qui sont censés le protéger, il vivra avec l'angoisse permanente de n'avoir personne au-dessus de lui pour le protéger, ce qui favorisera chez lui un état d'instabilité psychomotrice et des défauts d'attention. Quand un enfant est tout pour ses parents, que ceux-ci ne s'intéressent à rien ni à personne d'autre, il les imitera et ne s'intéressera qu'à lui-même. À quoi bon progresser puisque l'on comble son entourage tel que l'on est et que notre entourage nous comble ? L'enfant suit le regard de ses parents. C'est parce qu'il réalise que ces derniers portent de l'intérêt à d'autres choses, comme leur travail, leurs loisirs, ou à d'autres êtres que lui, leurs amis, leur amoureux (se), d'autres membres de la famille , etc., qu'il va diriger son regard ailleurs que vers lui-même. Atténuer la croyance qu'il est la seule source d'intérêt est la première des limites que l'enfant va intégrer peu à peu et qui favorisera l'intégration de toutes les autres.

Vers l'âge de 2-3 ans, un enfant « normal » se sent tout-puissant, l'égal d'un adulte à la découverte de ses superpouvoirs : la motricité, le langage, le raisonnement Il ignore tout des dangers qu'il risque. De même, il se croit tout-puissant quand, dix ans plus tard, il se retrouve avec de nouveaux superpouvoirs liés à la croissance pubertaire et à la maturation intellectuelle. Les barrières que les parents mettent à son sentiment de toute-puissance le protègent contre lui-même, contre les risques qu'il pourrait prendre mais aussi contre ceux qui pourraient le rejeter. Elles l'aident à rester sur les rails qui vont le conduire à devenir autonome dans un environnement social.

Enfin, sur le plan de la réussite scolaire, plus un enfant saura intégrer positivement les règles – positivement, c'est-à-dire sans violence ni humiliation –, plus il intégrera facilement les diverses règles qui s'échelonnent au fil des apprentissages scolaires (règles de syntaxe française ou anglaise, de grammaire, d'orthographe, de calcul, lois de la physique…).

Pour bien apprendre, il faut qu'il se commande, or pour bien se commander, il doit avoir appris à obéir. Vous trouverez dans l'encadré ci-contre quelques règles pour qu'un enfant apprenne bien à obéir en toutes circonstances et pas seulement en présence de ses parents. On voit en effet certains enfants être obéissants à la maison mais totalement indisciplinés en classe. Il s'agit d'enfants qui ont intégré l'obéissance uniquement comme un rapport de force et non comme un savoir-faire positif. À l'inverse, on voit des enfants désobéissants à la maison, mais très disciplinés en classe. C'est déjà beaucoup moins préoccupant. Ces enfants ont bien intégré les règles de vie en s'identifiant à leurs parents, mais n'ont pas renoncé à faire couple avec eux et restent amoureusement trop collés à eux. Ces parents doivent mettre alors des limites à leur désir œdipien.

Quelques règles pour lui apprendre à obéir

1 Assurez-vous que ses besoins élémentaires et ses rythmes sont respectés et qu'il est apte sur le plan sensoriel et intellectuel à entendre et à comprendre vos consignes.

2 Veillez à votre bonne santé psychologique. Par exemple, un état dépressif chez le parent favorise un état d'agitation chez l'enfant.

3 Analysez votre propre rapport à l'autorité (à celle de vos parents notamment) pour repérer dans les messages que vous transmettez ceux qui pourraient favoriser l'opposition de votre enfant.

4 Respectez vous-même les règles et les lois : la discipline s'apprend par imitation.

5 Établissez un calendrier de règles claires et précises avec une hiérarchie séparant les points essentiels, comme les « feux rouges » (par exemple : on ne frappe pas autrui), de ce qui est négociable, les « feux oranges » (par exemple : l'heure du coucher dans la semaine) et des permissions, les « feux verts ». Expliquez la variabilité des règles (en fonction des lieux de vie) et la permanence des lois.

6 Usez d'une consigne à la fois. Mieux vaut prévenir que guérir en donnant un délai. Expliquez autant que possible le pourquoi des interdits (l'esprit des lois). N'oubliez pas que l'éducation, c'est la répétition. Tenez bon, surtout entre deux et quatre ans et entre douze et quatorze ans.

7 Apprenez à varier le ton sans crier pour un rien. Donnez des consignes en face-à-face avec l'enfant sur un ton décidé et non pas depuis le fond de l'appartement à la cantonade.

8 N'attisez pas les rivalités entre frères et sœurs. Faites autant de compliments que de reproches à un enfant pour valoriser ses bonnes actions.

9 Gardez-vous de tout chantage affectif : on ne fait pas ses devoirs pour faire plaisir à ses parents mais pour devenir autonome plus tard.

10 Enchantez le quotidien en faisant des contraintes des moments agréables (on peut ranger l'appartement à plusieurs, déguisés, avec une musique de fond entraînante).

11 N'hésitez pas à déléguer. Mais aussi à trianguler : c'est-à-dire à faire intervenir un tiers en disant à votre enfant, par exemple, que son grand-père serait déçu de ce mauvais comportement. Le lien symbolique que vous créez avec ce tiers évite un face-à-face dans lequel l'enfant risquerait de s'enfermer. Le tiers représente alors l'instance sociale et lui rappelle que la loi est au-dessus de tous.

12 La meilleure des punitions est la réparation (ramasser, nettoyer ce qu'on a sali, présenter ses excuses, rembourser avec son argent de poche...). Une autre solution est la privation d'activités qui ne sont pas indispensables au développement de l'enfant (télévision, jeux vidéo, voire parc d'attraction). On ne le privera pas de sport, de repas, d'anniversaire ni de Noël. Le travail scolaire et les devoirs ne doivent pas être une punition si on ne veut pas qu'il les vive comme des corvées.

Le cœur au ventre

Qui aime bien, nourrit bien ! Les bons parents sont des parents nourriciers. Mais ils ne doivent pas pour autant se transformer en diététiciens de leurs enfants. Pour assurer une bonne croissance physique, affective et intellectuelle – donc une bonne performance scolaire –, il importe que l'enfant soit convenablement nourri. En ce domaine, source de nombreuses angoisses parentales, de questions et de passion, qu'est-il convenable de faire ? L'enfant doit recevoir une alimentation quotidienne avec un quota de calories suffisant sans être excessif. Cette alimentation sera diversifiée et lui apportera, en fonction de son âge, le ratio nécessaire en lipides, glucides et protéines, ainsi que les vitamines et oligoéléments indispensables à un fonctionnement idéal de la « machinerie » humaine. Cet apport sera équitablement réparti au cours de la journée afin d'éviter notamment une somnolence en classe suite à un repas surchargé, ou encore une mauvaise concentration avec un état d'agitation due à une baisse de la glycémie dans le sang en cas de repas sauté. Cependant, si on veut lui éviter des troubles du comportement alimentaire, il importe de laisser à l'enfant une certaine autonomie. Les parents peuvent le laisser choisir ce qu'il préfère, mais ce choix devra s'opérer entre différents produits sains proposés à des temps de repas réguliers. Les parents proposent et les enfants disposent, mais dans un cadre bien défini.

▶ LE PETIT DÉJEUNER

L'importance du petit déjeuner est trop souvent négligée. Idéalement, il devrait représenter 25 % de l'apport calorique de la journée, ce qui est rarement atteint. Beaucoup d'enfants ne petit-déjeunent pas, notamment les plus grands, ou bien peu et mal, ou à la va-vite. Le matin, c'est souvent la course pour toute la famille et le petit déjeuner est la victime de cet emballement et du stress qu'il occasionne. Dans les petites classes, une collation est souvent proposée en milieu de matinée. Elle n'est ni systématique ni obligatoire mais, hélas ! on se repose souvent sur cette idée pour accepter de négliger le petit déjeuner. Chez les plus grands, il n'est pas rare que des barres sucrées ou des viennoiseries soient glissées par les parents dans le cartable et consommées lors de la récréation pour compenser un petit déjeuner dédaigné. Or, il est démontré, sur un plan purement diététique, que le fait de sauter le petit déjeuner entraîne une prise de poids. Cela s'explique par le fait que, pour des raisons de régulation métabolique, l'enfant va davantage stocker les apports ultérieurs. Par ailleurs, cette pratique favorise les « coups de pompe » et nécessite des apports de sucres rapides pour les contrer, tels ceux proposés d'ailleurs en collation. L'autre problème avec cette collation proposée à l'école est que les enfants qui petit-déjeunent le matin sont quand même tentés par la collation proposée et en profitent au dépens de leur équilibre nutritionnel, mangeant moins les aliments plus sains du midi.

Sur un plan nutritionnel, la prise d'un petit déjeuner permet une meilleure répartition des apports énergétiques sur la journée et favorise à long terme une meilleure gestion du poids. Elle permet aussi d'assurer des performances optimales pendant la matinée à l'école.

Le petit déjeuner devrait devenir un rituel à instaurer dès le plus jeune âge afin que l'enfant en garde l'habitude tout au long de sa vie. Idéalement, le petit déjeuner devrait être un vrai repas de famille. Car si le petit déjeuner est bénéfique à l'enfant sur le plan diététique, il l'est aussi sur le plan émotionnel. Un petit déjeuner équilibré et pris en famille est un facteur de lutte contre le surpoids qui touche de plus en plus d'enfants, pas seulement pour les raisons diététiques et métaboliques citées plus haut, mais aussi parce que la sécurité affective qu'il prodigue limite la prise de kilos émotionnels[5]. Dans la dynamique de cette journée, le petit déjeuner en famille fait office, pour l'enfant comme pour l'adolescent, de port d'attache psychoaffectif sur lequel prendra appui, chaque fois renouvelée et renforcée, sa confiance en lui et en l'autre. C'est alors un tremplin pour le bien-être émotionnel de la journée chez l'enfant, et par conséquent pour ses performances cognitives à l'école. Il contrebalance un déjeuner souvent pris à la cantine et un dîner pris en l'absence d'un ou des parents quand ceux-ci rentrent trop tard du travail. Il offre la possibilité pour l'enfant d'échanger avec son père et sa mère à propos des ressentis de la nuit, notamment sur des rêves ou des cauchemars. Il permet une remise en route du corps, des différents sens (gustatif, olfactif) et de l'esprit de veille. Il permet aussi d'anticiper, dans un cadre sécurisé sur le plan affectif, la journée qui s'annonce et ses éventuels sujets de préoccupations. C'est pourquoi ce temps partagé ne devra pas être étouffé par la présence d'éléments extérieurs tels qu'un écran de télévision. S'il est vraiment impossible pour les parents d'être présents, que cette présence soit au moins symbolique : le parent, la veille ou au petit matin, pourrait mettre la table éventuellement avec l'enfant et laissera un petit mot.

5. Stéphane Clerget, *les Kilos émotionnels. Comment s'en libérer*, Albin Michel, Paris, 2010.

Selon les nutritionnistes spécialisés pour les enfants, dont le Dr Dominique-Adèle Cassuto[6], le petit déjeuner est sans doute le seul repas où l'on doit inciter l'enfant à manger au moins un petit quelque chose même s'il n'a pas faim. L'enfant sait réguler son alimentation, mais au petit déjeuner, il est important qu'il mange pour rompre le jeûne de la nuit et pour ne pas partir le ventre vide à l'école. Il est de la responsabilité des parents de proposer à l'enfant ce qui leur semble adapté sur le plan nutritionnel. C'est à l'enfant de choisir, mais parmi les choix limités et équilibrés que son père ou sa mère proposeront. La crainte des conflits ne doit pas désengager les parents sur ce point. D'ailleurs, un temps suffisant pour ce repas primordial ainsi qu'une moindre rigueur sur la tenue à table définiront un cadre susceptible de limiter les discordes sur le contenu. L'autonomisation du jeune enfant, en tout domaine, s'acquiert progressivement grâce à un encadrement bienveillant et émancipateur. Attention aux autonomisations trop précoces qui pourraient s'apparenter à de la négligence !

L'adolescent, en revanche, aura plus de liberté de choix sur le plan alimentaire, ce qui n'interdit pas les recommandations parentales. Malheureusement, chez les ados, le petit déjeuner est fréquemment négligé car ils se couchent tard et sont souvent encore endormis au réveil, donc leur appétit est coupé. Or le petit déjeuner, bien plus que la douche, est ce qui les aidera à se réveiller et à avoir plus de « présence » lors des cours du matin. La présence d'un parent est encore justifiée, même si l'adolescent ne dit mot, car elle reste un apaisement et un soutien sur le plan émotionnel, surtout si c'est le père qui est généralement le moins présent lors des repas.

Le choix des aliments au petit déjeuner devra être encadré. Il comprendra des laitages, des fruits, des jus de fruits frais, du pain ou des céréales, mais il pourra aussi, en fonction des goûts de l'enfant ou de l'adolescent, contenir des œufs ou d'autres féculents comme du riz au lait. Si l'on peut prendre le petit déjeuner tous ensemble comme un vrai repas, l'enfant restera à table. S'il n'aime pas ce qui

6. Intervention lors du salon Dietecom, 25 mars 2010.

lui est proposé, retenez qu'il faut parfois faire goûter un aliment 8 à 9 fois avant qu'un enfant puisse vraiment l'aimer !

▶ LES AUTRES REPAS

Le déjeuner se prend à la maison ou à la cantine. L'intérêt du déjeuner à la maison est émotionnel avant d'être diététique. Cela permet à l'enfant de profiter d'une présence parentale et de couper une journée d'école qui, pour certains, et notamment les plus jeunes, peut paraître longue. L'autre intérêt est qu'il permet d'éviter la grande récréation d'après-repas, qui peut être un temps de jeux sociaux dont certains enfants profitent bien, mais qui pour d'autres est un long tunnel d'ennui. Le repas à la cantine présente néanmoins ses avantages (surtout quand les parents travaillent). En termes de contenus et d'équilibres nutritionnels, il faut souligner les grands progrès opérés dans le contenu des assiettes de ce que l'on appelle désormais les « restaurants scolaires ». Si certains jeunes enfants ont du mal à manger autre chose que ce qui vient de maman, pour beaucoup d'autres, il y a statistiquement moins de caprices alimentaires à la cantine qu'à la maison, car l'enjeu affectif vis-à-vis des parents n'est plus de mise.

L'apprentissage du bien-manger est aussi une affaire de modèles et les enfants s'entraînent mutuellement à manger de façon diversifiée. Écoutons la mère de Nicolas, 8 ans :

> « Mon fils a toujours refusé de manger des épinards. Hélas, Popeye ne passe plus à la télévision pour nous aider à les lui faire apprécier. C'est à la cantine qu'il a finalement accepté d'y goûter car ses deux meilleurs copains en mangeaient. Surprise de le voir accepter d'en prendre à la maison, je lui demandais ce qui lui avait fait changer d'avis. Il me répondit " J'ai appris à l'école que c'était bon. " J'ai réalisé alors qu'à l'école mon fils n'apprenait pas seulement à lire et à compter. »

Il peut être intéressant pour un enfant d'alterner des temps de repas à la cantine et des temps à la maison. Écoutons Lucie :

> « Ma fille mange tous les jours à la cantine sauf le lundi et le vendredi. Elle mange une fois à la maison avec sa meilleure copine et moi, et l'autre fois chez la mère de sa meilleure copine. »

Régime spécial à la cantine

Une circulaire datant de 2003 notifie aux gestionnaires des restaurants scolaires qu'il « convient que tout enfant ayant, pour des problèmes médicaux, besoin d'un régime alimentaire particulier, puisse profiter des services de restauration collective ». Si l'état de votre enfant nécessite un régime alimentaire spécial en raison notamment d'une maladie, il est possible de faire établir un projet d'accueil individualisé (PAI) élaboré par le médecin traitant, le médecin scolaire, les parents, l'enseignant et le directeur de l'établissement scolaire. Le personnel du restaurant scolaire sera informé. Il est également possible que les parents préparent un repas dans une boîte hermétique.

Quant au goûter, on veillera à ce qu'il ne soit pas uniquement composé de viennoiseries ou de sucreries, mais qu'il contienne comme le petit déjeuner des laitages et des fruits. Le dîner ne sera pas trop lourd afin de prévenir les difficultés d'endormissement et comprendra des sucres lents (féculents) pour éviter les réveils au cours de la nuit pour cause de baisse du taux de sucre dans le sang.

Une alimentation saine, harmonieusement répartie dans la journée, prise le plus souvent en famille dans un climat affectif sécurisant, participe à une bonne réussite scolaire. Le sommeil est un autre support fondamental à cette réussite.

Les parents, gardiens du sommeil de l'enfant

La réussite scolaire d'un enfant est conditionnée par un sommeil suffisant en quantité comme en qualité. Les enfants ayant des troubles du sommeil ont de manière significative de plus mauvais résultats que les autres. La maturation du système nerveux se produit en état de sommeil. Ce dernier est constitué de phases de sommeil dit « lent » entrecoupées de 4 à 5 phases de sommeil paradoxal. Lors du sommeil paradoxal, il y a un relâchement musculaire total associé à une activité cérébrale intense produisant des rêves : l'enfant régule ses émotions et consolide son équilibre affectif. Pendant le sommeil profond qui a lieu lors du sommeil lent, il consolide les apprentissages car le cerveau revisite tout ce qu'il a capté durant la journée. Deux zones du cerveau répètent alors l'activité qu'elles ont générée en état de veille : l'hippocampe, qui gère la mémorisation, et le cortex préfrontal, qui est le siège de l'attention, de la planification et de la prise de décision. Les milliards d'informations de la journée, engrangées sous formes de messages entre les neurones, sont éliminées ou conservées selon leur utilité. Il en est de même des apprentissages de tout type, par exemple musicaux ou moteurs. Bref, en dormant, votre enfant range, trie, crée de nouveaux dossiers et vide la poubelle de son ordinateur cérébral. Vu l'heure précoce du début de la journée scolaire, les enfants qui sont du matin, c'est-à-dire ceux qui se réveillent et se couchent naturellement tôt, sont plus performants pour l'apprentissage en classe. Ceux qui sont du soir, se levant et se couchant naturellement tard, sont pénalisés lors des cours du matin, mais sont plus en forme pour le temps des apprentissages à la maison en fin de journée.

En maternelle et jusqu'au cours préparatoire, les enfants doivent bénéficier de 11 à 13 heures de sommeil. Puis de 6 à 12 ans, la nuit de sommeil se raccourcit de 20 minutes chaque année. Il faut donc 9 heures de sommeil à un enfant de 12 ans et au-delà. Dans les faits, beaucoup d'enfants n'ont pas leur compte de sommeil. Comme l'enfant se réveille habituellement à la même heure, c'est en général à cause d'un coucher tardif que le temps de sommeil est écourté. Les week-ends ne suffisent pas pour récupérer, car les enfants, quel que soit leur âge, sont autorisés habituellement à se coucher plus tard les vendredis et samedis soir. Or les plus jeunes ont du mal à faire la grasse matinée et la qualité de sommeil n'est pas aussi bonne le matin que la nuit.

Le devoir des parents est de favoriser l'entrée dans le sommeil de leur enfant et de le protéger une fois établi. Un certain nombre de règles peuvent être appliquées.

Règles pour un bon sommeil

1 Assurez-vous que votre enfant respire bien en dégageant ses voies nasales s'il est enrhumé, souffre d'allergie ou a les végétations enflammées.

2 Couchez l'enfant à des horaires réguliers.

3 Chauffez justement la chambre (entre 18 et 21 °C) et isolez-la du bruit et de la lumière.

4 Investissez dans un matelas de bonne qualité, épais et ferme.

5 Veillez à ce que l'enfant ait une activité physique suffisante pendant la journée (on dort mieux si le corps s'est mobilisé).

6 Proposez-lui des activités relaxantes avant l'heure du coucher. L'enfant s'abstiendra de bain chaud ou de sport intense juste avant de dormir.

7 Évitez si possible les médicaments, les aliments ou les boissons excitantes (soda à la caféine) juste avant le coucher, de même que les repas trop lourds ou trop légers (sans féculent).

Les parents accompagneront leur enfant dans son sommeil en le faisant précéder de petits rituels comme le pipi et le brossage des dents, en évitant les sujets qui fâchent avant le coucher, en respectant un temps de câlins, d'échanges informels ou d'histoires contées qui prendront de 15 à 30 minutes pour les plus jeunes. La routine du soir est le secret des bons endormissements. Mais le plus important est que les parents abordent la question du sommeil en lui donnant l'importance qu'elle mérite car ils influencent le regard de leur enfant sur cet état.

De nos jours, dormir apparaît comme du temps perdu. Les Français, comme leurs voisins européens, dorment de moins en moins et de moins en moins bien. La durée quotidienne moyenne de sommeil en 2007 est de 7 heures 10. C'est 1 heure 30 de moins qu'il y a cinquante ans. Et 2 heures de moins qu'il y a un siècle. Si l'heure du lever a peu évolué, en revanche, il est loin le temps où, à la campagne, l'on se couchait avec les poules, expression devenue aujourd'hui très péjorative. Les couche-tôt sont considérés comme des papys. Ceux qui font la sieste comme des passifs. Notre société hyperactive adore le mouvement perpétuel et la mentalité capitaliste s'accorde bien avec une ville où tous les magasins et services seraient ouverts 24 h/24, dimanche compris, comme cela existe déjà de par le monde. Dans une société où les temps de réflexions, d'échanges et de spiritualité sont considérés comme des obstacles à la production, le coucher devient le seul moment où l'on doit faire face à ses pensées et cet afflux brutal provoque souvent un mal-être qui explique que l'on ne se couche qu'une fois épuisé afin de s'endormir aussitôt.

Par ailleurs, dans une société où l'on rêve d'immortalité, où la mort virtuelle occupe les médias pour mieux compenser son bannissement dans la réalité, le sommeil rappelle trop métaphoriquement cette dernière pour ne pas être une grande source d'angoisse. Mais l'un des pires ennemis du sommeil de votre enfant est sans doute la télévision.

TÉLÉ OU DEVOIRS : UN MAUVAIS CHOIX

Certains parents ont du mal à empêcher leur enfant de passer du temps devant la télévision. Ne serait-ce que parce qu'eux-mêmes y consacrent beaucoup de leur temps de loisir. Mais ce qui est peu ou prou toxique pour les adultes peut l'être davantage pour les enfants car ce sont des êtres en développement. Or la télévision est rarement un outil d'apprentissage. Pour qu'elle soit un divertissement sans danger ou éventuellement un support pédagogique, il convient de respecter des règles strictes en termes de temps de consommation et bien sûr de choix des programmes.

On choisira avec l'enfant les émissions qu'il pourra regarder à partir d'un magazine de programmes télévisés en fonction du contenu et de l'horaire de diffusion (en sachant qu'une émission s'enregistre ou se revoit sur Internet en *replay*). Seront privilégiés les documentaires pédagogiques ainsi que certaines fictions et dessins animés. On respectera toujours les vignettes fixant les limites d'âge pour les séries et les films. Le fait qu'il s'agisse d'une chaîne pour enfants n'est pas la garantie que le programme soit toujours adapté au vôtre. Inversement, on trouve de bons programmes pour enfants sur les chaînes généralistes. On évitera les journaux télévisés ou les magazines d'actualités qui, bien que n'ayant pas de limite d'âge affichée, hélas, sont déconseillés aux moins de dix ans.

On évitera d'utiliser la télévision pour obtenir le silence, car cela risque de provoquer un silence mortifère, mais aussi parce qu'il est préférable que la télévision soit le prétexte d'échanges familiaux. De plus, les enfants comprendront vite qu'ils ont tout intérêt à créer du bruit et de la fureur pour obtenir le droit de la regarder. La plupart des parents connaissent mal le contenu des programmes pour enfants. Il n'est pas inutile, pendant les vacances par exemple, de prendre le temps de visionner avec l'enfant ses émissions préférées. L'éducation aux médias se réalise lors de ces temps partagés.

L'adulte invitera l'enfant à décrire les situations représentées sur l'écran ou à analyser sommairement les personnages. Il contrôlera la compréhension du récit et commentera les thèmes abordés. Des liens peuvent ensuite être établis avec des supports de transmission du savoir tels que des livres, des magazines ou des expositions. Par exemple, un dessin animé sur un petit dinosaure sera l'occasion de lire un ouvrage sur ces animaux préhistoriques.

On fixera une durée d'écoute quotidienne ou hebdomadaire limitée. Je propose une heure par année d'âge par semaine avec un maximum de 12 heures, soit 6 heures par semaine au maximum pour un enfant de 6 ans. Contrairement aux idées reçues, la télévision n'est pas un bon moyen de se détendre et de se reposer pour un enfant.

Enfin, une erreur éducative classique est de justifier la limitation de la consommation télévisuelle uniquement par l'impératif des devoirs scolaires, ce qui ferait de l'école le seul contrepoids à la télé. Par cette attitude, l'école, lieu d'apprentissage, devient la représentante de la loi. Tout se passe comme si les parents se reposaient sur l'autorité scolaire pour compenser leur autorité défaillante. Cela est néfaste pour la réussite scolaire, car l'école devient alors le support de toutes les conduites d'opposition. À l'inverse, si les résultats sont bons, l'abus de télévision n'inquiète pas. C'est le cas de cette mère de famille qui laisse sa fillette de 9 ans devant la télévision autant qu'elle le souhaite, sous prétexte qu'elle est bonne élève, sans s'inquiéter du fait qu'elle n'a aucun autre loisir.

Pour éviter les abus de télévision, il faut sortir de l'alternance télé ou devoirs et proposer à l'enfant d'autres divertissements. Les professionnels de l'enfance invitent aujourd'hui les parents à laisser leurs enfants s'ennuyer. On critique les agendas de ministre des enfants qui vont du piano au sport, puis du sport à une autre activité, et ce avec raison. Il ne faudrait pas que l'ennui, pour autant, soit synonyme de télévision. L'imaginaire et la créativité qui se développent grâce aux jeux ou à l'ennui sont neutralisés par la consommation télévisuelle qui impose un imaginaire « prêt-àporter ». Enfin, le temps passé devant la télévision est un temps en moins avec les parents. Or, ces derniers, aiguillonnés par leur amour, sont des transmetteurs essentiels de savoir et de savoir-faire pour leur enfant.

QUI AIME BIEN INCULQUE BIEN

Vous allez apprendre à votre jeune enfant, avant qu'il soit scolarisé (mais aussi après), au moins autant de savoirs et de savoir-faire qu'il en apprendra à l'école. Mais c'est en étant son parent et non pas son professeur que vous lui transmettrez le plus de connaissances. Spontanément, l'enfant vous posera mille et une questions auxquelles vous saurez répondre ou non. Dans ce dernier cas, vous l'inviterez à chercher auprès d'autres personnes, dans des livres ou sur Internet s'il sait lire, en valorisant toujours sa curiosité (qui n'est un vilain défaut que chez les vilaines personnes !).

Favorisez chez votre petit les temps de jeux, seul, avec ses copains ou avec vous si vous avez plaisir à le faire, car cela favorisera son imaginaire et son ingéniosité. Aidez-le à se repérer dans le temps et l'espace en lui apprenant par exemple l'usage d'un calendrier, en nommant les monuments ou les rues que vous empruntez avec lui, et en les désignant sur une carte. Sortez avec lui dans la nature pour lui enseigner le vivant. Évoquez le passé à l'aide de photos de famille ou de visites de château. Faites autant d'activités physiques et sportives que possible en sa compagnie pour l'aider à maîtriser son corps et à connaître ses limites physiques. Apprenez-lui des chansons, racontez-lui des histoires et empruntez avec lui des livres à la bibliothèque. S'il s'intéresse à l'écriture ou à la lecture et qu'il est demandeur, proposez-lui des ouvrages d'initiation, des jeux de lettres en plastique ou à fabriquer en pâte à modeler.

Montrez-lui également ce que vous lisez au quotidien : affiches dans la rue, titres d'émissions dans les magazines télé, ou encore laissez-le jouer sur un traitement de texte d'ordinateur en l'accompagnant. Utilisez des logiciels pédagogiques avec lui à condition que ceux-ci soient véritablement interactifs et qu'il y prenne du plaisir. Il ne s'agit en aucun cas de faire du forcing, car vous risqueriez de le dégoûter des apprentissages scolaires à court ou à moyen terme. C'est avant tout l'amour d'apprendre que vous devez lui transmettre. Les liens affectifs qui vous unissent à votre enfant et les fonctions parentales qui sont les vôtres ne feront pas de vous le meilleur professeur pour votre enfant, mais grâce à tout ce que vous lui transmettrez et au cadre affectif et éducatif que vous lui offrirez, il pourra profiter au mieux de ce que l'école lui apportera.

3

QUAND L'ÉCOLE DÉBUTE

Les parents vont aider leur enfant à développer ses capacités à comprendre le réel et à composer avec lui. En particulier les capacités d'attention, de concentration, de mémorisation et de raisonnement (classer, généraliser, mettre en relation, déduire). L'intelligence se développe en grandissant et l'éducation parentale participe pleinement à ce développement, comme à celui du champ des connaissances. L'enfant met en route sa machine à apprendre avant d'entrer en classe. Les parents contribuent à ce qu'il l'utilise au mieux avant qu'il ne soit écolier et bien sûr une fois qu'il l'est devenu.

ACCOMPAGNER SA SCOLARITÉ

Développer l'intelligence de votre enfant ne doit s'envisager, on l'a vu, que si sa sécurité affective est assurée. La sécurité affective de base est l'ossature sur laquelle les muscles de l'intelligence prennent appui. On évoque beaucoup la génétique dans le domaine de l'intelligence, à tel point qu'aux États-Unis des femmes se font inséminer le sperme de donneurs sélectionnés en fonction de leur quotient intellectuel ou de leur réussite sociale. Or, quand on sait que l'humain n'utilise dans son développement qu'une part fort modeste de son capital intellectuel, on comprend que l'essentiel repose avant tout sur d'autres facteurs tels que l'éducation et le domaine psychoaffectif (sérénité, confiance en soi, estime de soi, motivation) qui permettront à l'intelligence de s'exprimer pleinement.

Les parents ne sont pas tenus de se faire élire comme représentants au sein d'une association de parents d'élèves pour superviser le comportement de l'enfant au sein de l'école (voir encadré p. 60). Cependant, être en contact avec les autres parents d'élèves permet d'échanger, d'être informé et éclairé sur divers points de fonctionnement.

Les échanges avec l'enseignant sont essentiels. Des réunions régulières avec tous les parents sont parfois proposées à un rythme variable. Des demandes d'entretiens individuels émanent parfois de la part de l'enseignant, généralement quand des difficultés apparaissent. Il est néanmoins préférable d'avoir un retour de sa part dès le début de l'année avant que d'éventuels problèmes ne se posent. Le cahier de correspondance ou carnet de liaison permet de maintenir un lien entre parents et enseignants. Ces derniers y notifient le règlement, les sorties prévues, les absences de personnel. Les parents y notent les motifs des absences de l'enfant ainsi que les demandes de rendez-vous. Il est conseillé aux parents de prendre part autant que possible aux activités scolaires où la participation parentale est souhaitée, notamment à l'occasion de sorties qui imposent un nombre minimal d'adultes ou pour la préparation de fêtes. Au-delà de votre apport pour la classe dans son ensemble, c'est une bonne façon de créer des liens avec l'enseignant et de découvrir comment votre enfant se conduit dans l'univers scolaire, ce qui est souvent surprenant.

Quelques clés pour développer l'intelligence de son enfant avant l'école primaire

1 Répondez à ses questions et suscitez-les à partir de son univers personnel (ce qu'il peut observer à la maison ou lors de promenades) et de ses centres d'intérêts.

2 Prenez du temps (au moins 10 minutes par jour) pour discuter de façon informelle avec lui sans autre activité particulière.

3 Lisez-lui des histoires, apprenez-lui des comptines et questionnez-le sur ce qu'il comprend. Demandez-lui de vous raconter les dessins animés qu'il regarde. Donnez-lui des livres même s'il ne sait pas encore lire.

4 Privilégiez les jeux de construction, les activités graphiques, les puzzles, les jeux de poupées ou de personnages, les jeux pédagogiques sur ordinateur aux dépens des jeux vidéo et surtout de la télévision.

5 Protégez son sommeil. C'est durant le sommeil que les outils de l'intelligence se restaurent et que les acquisitions prennent leur place.

6 Initiez-le à la musique, amenez-le plutôt au musée qu'au cinéma, faites-le participer à la préparation des repas ou aux activités de rangement en les lui présentant comme un loisir et non comme une corvée.

7 Supervisez son comportement à l'école en rencontrant l'équipe pédagogique et en veillant à ce qu'il s'adapte au rythme, respecte les obligations et s'intègre bien. Surveillez aussi les devoirs et les leçons.

8 Aidez-le à se repérer dans le temps et dans l'espace en l'informant régulièrement sur ces notions. Familiarisez-le avec sa famille en situant chacun de ses membres par rapport aux autres.

Être représentant de parents d'élèves

Les représentants de parents d'élèves sont élus. Vous pouvez constituer votre propre liste « électorale » si elle contient au moins deux noms. Habituellement il s'agit de listes issues d'une fédération (PEEP, FCPE, UNAAPE pour le public) ou d'une association locale de parents d'élèves. Dès la rentrée, contactez le directeur de l'établissement qui vous communiquera la date limite de dépôt des candidatures. Les bulletins de vote accompagnés d'une éventuelle profession de foi des candidats sont envoyés aux électeurs par la poste dix jours avant le scrutin ou remis aux enfants.

Les parents élus composent un comité chargé de défendre l'école, les autres parents, et bien sûr les enfants (et pas uniquement les leurs). Ils ont un rôle de médiation entre personnel, parents et enfants. Ils préparent les réunions du conseil d'école – au nombre de trois par an (voir encadré ci-contre) – en tenant compte des remarques ou questions reçues par les divers interlocuteurs. Ils disposent d'un droit d'informer, de communiquer, et d'avoir des moyens pour cela (panneau d'affichage).

Bien que ce ne soit pas obligatoire, la plupart des enfants de 3 ans sont scolarisés en maternelle. Pourtant, près de 1% d'entre eux ne le sont pas. On voit de plus en plus de parents qui, ne travaillant pas, préfèrent garder leur enfant auprès d'eux et leur faire l'école[7]. C'est dommage, car l'enfant apprend beaucoup en maternelle, et pas seulement grâce au professeur. À l'âge de 3 ans, il est important que l'enfant profite de la socialisation car c'est un âge où les enfants

7. Parfois, ce désir d'instruction en famille se poursuit dans les classes supérieures. Presque 3 000 enfants seraient concernés par ce mode d'éducation – sans suivre de cours par correspondance avec le CNED, donc sans raison de santé.

s'enseignent beaucoup mutuellement. Il existe en effet un mode d'imitation particulier entre 3 et 4 ans, appelé « l'imitation simultanée », laquelle est encore peu connue. Elle se met en place vers 3 ans, parfois dès 2 ans. Elle persiste à 4 ans puis décline fortement. Des enfants de cette tranche d'âge réunis en l'absence d'enfants plus âgés vont s'imiter fortement dans leurs conduites. L'effet est maximal à 3 ans. C'est particulièrement visible dans le choix des jouets ou objets divers, leurs modes d'utilisation et leur abandon pour un autre objet.

Pour les parents réticents, une scolarité à temps partiel peut toujours se négocier. En petite, voire en moyenne section, surtout si l'enfant a besoin de beaucoup plus de temps de sieste que ce qui est proposé, il pourra rester à la maison, car le respect des besoins des « gros dormeurs » est important.

Une relation de confiance entre les parents et le personnel de l'école, en maternelle comme dans les classes supérieures, est essentielle pour que l'enfant investisse bien sa scolarité. Malheureusement pour l'enfant, des conflits sont toujours possibles.

Le conseil d'école

Sa fonction est d'adopter le projet de l'école, son règlement intérieur, et de traiter de différentes questions sur le fonctionnement de l'école telles que l'accueil des enfants handicapés, l'hygiène, la sécurité des enfants, la restauration scolaire, les actions pédagogiques, le choix des manuels scolaires, l'utilisation des moyens financiers.

Il est composé des représentants élus des parents d'élèves, du directeur et des enseignants, des représentants de la commune et de l'inspecteur de l'Éducation nationale. Peuvent être présents sans avoir le droit de vote d'autres personnes telles que le médecin scolaire, l'assistant(e) social(e) ou les assistantes des professeurs de maternelles (Atsem).

Il se réunit une fois par trimestre ; un procès-verbal de chaque réunion est établi et affiché pour les parents d'élèves.

EN CAS DE CONFLIT AVEC LE PROFESSEUR

L'enseignement est une affaire de relations humaines. Et l'apprentissage chez l'enfant passe en grande partie par la sphère affective. Il n'est donc pas rare que des conflits grèvent les relations entre un enfant et son professeur ou que des problèmes relationnels s'installent directement entre parents et professeurs.

Un des moyens essentiels pour prévenir les conflits entre professeurs et parents est que chacun respecte les règles de politesse. Du côté des parents, il s'agit en particulier de ne pas conduire ou d'aller rechercher son enfant à l'école en retard. D'autant plus que s'il n'est pas en âge de rentrer seul, ce peut être angoissant pour l'enfant d'arriver après les autres ou de voir ses camarades rentrer chez eux tandis qu'il devra patienter dans le bureau du directeur. Sachez qu'il est du droit de ce dernier de déposer l'enfant au commissariat de police ou de l'exclure temporairement en cas de retards répétés. La politesse s'applique également dans les échanges verbaux ou écrits que vous pourriez avoir avec l'enseignant, échanges dans lesquels vous vous garderez évidemment de propos méprisants voire insultants.

Les conflits entre enseignants et parents sont parfois l'écho des mauvais souvenirs d'école de ces derniers. Un certain nombre d'adultes d'aujourd'hui se sont reconnus dans le joli livre de Daniel Pennac sur ce thème. Ils ont souffert de relations difficiles avec un ou plusieurs enseignants, ou avec les élèves, sans que leur douleur ne soit reconnue par les adultes responsables ; ils ont parfois subi des échecs scolaires. Ces « chagrins d'école » ont laissé des marques indélébiles qui nourrissent la sensibilité et parfois l'agressivité des parents d'élèves. Ils défendent l'enfant qu'ils étaient en croyant défendre leur propre enfant et combattent leurs fantômes en attaquant l'école d'aujourd'hui.

Si l'enfant est mal à l'aise avec son enseignant, il ne le dira pas forcément. Cela se traduira, dans les petites classes, par une réticence, voire un refus de se rendre à l'école. Généralement, les résultats scolaires sont médiocres, mais un enfant peut ne pas aimer son professeur et avoir des notes correctes. Si votre enfant n'est pas à l'aise avec son professeur, cela n'implique pas que celui-ci soit incompétent ou malveillant. L'appréciation de l'enfant peut être subjective et cet enseignant, par exemple, peut lui rappeler par son tempérament un oncle qu'il craint. Un jeune enfant qui n'a connu que des professeurs femmes et qui ne vit pas avec son père ou dont le père est très doux pourra s'effrayer d'avoir un maître à la voix grave et à l'air sévère. Il suffira alors de propos rassurants de la part des parents et de l'enseignant, avec lequel vous aurez eu des échanges sereins, pour l'apaiser.

Il arrive que les parents soient en désaccord avec les méthodes d'enseignement ou le contenu du programme sans pour autant critiquer la personnalité de l'enseignant. Il est alors utile d'échanger dans un respect mutuel sur le contenu du programme sans que parents ni enseignants ne se braquent. Il est utile de prendre avis auprès des représentants des parents d'élèves ou de rencontrer le directeur de l'établissement si les interrogations ou le malaise persistent. Il importe de ne pas placer l'enfant dans un conflit de loyauté qui serait préjudiciable à sa scolarité en faisant de lui le témoin ou le porte-parole de vos récriminations. Considérez, si votre enfant progresse, qu'il bénéficie de l'enseignement reçu et que, s'il rencontre des difficultés, il y a peut-être d'autres raisons à cela que les méthodes d'enseignement ou le programme scolaire. Dans le doute, rien ne vous interdit de lui donner des cours vous-même ou des cours particuliers – au risque cependant de le surcharger. Enfin, sachez qu'il existe des écoles privées hors contrat qui ne sont pas obligées de respecter le programme de l'Éducation nationale ou qui appliquent des méthodes d'enseignement originales. Attention cependant, le retour vers des écoles publiques ou des écoles privées sous contrat, dans un niveau de classe équivalent, n'est pas assuré.

Si vous êtes certain que l'enseignant n'est pas compétent ou qu'il est malveillant envers votre enfant, et que les échanges avec l'association de parents d'élèves ou la direction de l'établissement restent lettre morte, il est possible de contacter l'inspection académique de votre département. Expliquez à votre enfant qu'il doit obéir à son professeur, mais que ce dernier n'est pas au-dessus des lois et qu'il ne peut pas dire ou faire n'importe quoi. Dites-lui aussi que respecter son professeur n'impose pas de l'aimer, mais qu'il doit faire son travail et ne pas faire de bêtises. Enfin, en dernier recours, vous pouvez contacter le médiateur de l'Éducation nationale (mediateur@education.gouv.fr). Bien sûr, en cas de maltraitance ou de propos racistes, les commissariats de police ou les gendarmeries peuvent recevoir votre plainte.

DEVOIRS ET LEÇONS : LA PLACE DES PARENTS

Guidés par leur amour, les parents doivent acheminer l'enfant vers l'autonomisation en ce qui concerne le travail à la maison. Ils ne doivent pas prendre la place de l'enseignant. En d'autres termes, ils n'ont pas à donner des devoirs supplémentaires. Ils doivent aussi veiller à ne pas parler uniquement de scolarité avec leurs enfants et à ne pas les faire travailler à la maison au-delà des temps conseillés par tranche d'âge. Le parent ne doit pas s'inscrire en rivalité avec l'enseignant, par exemple en remettant sa méthode en question, car il placerait l'enfant en porte-à-faux et accentuerait sa défiance vis-à-vis de l'enseignement proposé en classe. Cela ferait de l'école un lieu de conflit, pénalisant grandement l'investissement de l'élève dans ses apprentissages.

La mission des parents est d'accompagner l'enfant dans sa scolarité et de faire alliance avec lui pour qu'il se sente soutenu dans la progression qui est la sienne. Pour que celle-ci se passe au mieux, ils doivent en premier lieu veiller au respect des besoins de l'enfant (heure de coucher, limitation des temps d'écran, etc.) et à celui des obligations scolaires telles que l'assiduité, les consignes données en classe et le travail dévolu à la maison. Cet encadrement parental permet à l'enseignant de travailler plus aisément et à l'enfant de profiter pleinement de l'enseignement qui lui est proposé.

L'amour du père

Il importe que les deux parents s'impliquent dans la scolarité de leur enfant et ce dès les petites classes. On entend encore dans les écoles maternelles les enseignants évoquer l'« heure des mamans » quand arrive la fin de la journée de classe. **Aujourd'hui encore, ce sont surtout les mères qui s'occupent de la scolarité**, même si, à partir du collège, les pères interviennent davantage, notamment quand des difficultés apparaissent.

Ce phénomène est d'ailleurs renforcé par le fait qu'en cas de divorce, la garde est le plus souvent accordée aux mères. Dans ce cas, le père ne voyant son enfant que deux week-ends par mois et pendant la moitié des vacances scolaires est en général moins enclin à gérer sa scolarité.

À cela s'ajoute la féminisation du corps pédagogique. **À l'origine un métier d'homme, l'enseignement scolaire est aujourd'hui devenu un métier de femmes.** C'est sans doute un des facteurs explicatifs de l'échec scolaire des garçons par rapport aux filles dans tous les pays où cette situation existe. Il y a urgence à imposer la parité au sein des écoles, quitte à imposer aux concours de l'Éducation nationale un quota de 50 % d'hommes afin que les garçons puissent s'identifier à des figures masculines du « savoir » et que la réussite scolaire ne soit pas associée dans leur esprit à une dévirilisation.

En attendant, **il est fondamental que les pères s'impliquent au moins autant que les mères dans la scolarité** en rencontrant les enseignants, en accompagnant les jeunes enfants le plus possible à l'école et en ne laissant pas la supervision des devoirs et des leçons aux seules mères ou nounous. À défaut, il est toujours possible de choisir un professeur particulier masculin.

Faut-il punir son enfant s'il a une mauvaise note ?

Non, je le déconseille. Ce serait appliquer une double peine. Soit l'enfant n'a pas compris, malgré une écoute en classe et des leçons apprises : en ce cas, il serait injuste de le punir ; cela ne ferait que renforcer son manque de confiance en lui. Soit il a obtenu une mauvaise note car il n'a pas été attentif ou n'a pas consolidé son savoir en apprenant ses leçons : en ce cas, la mauvaise note doit être considérée par l'enfant comme une punition. Quitte à commenter émotionnellement cette note, il y aurait plutôt lieu de le plaindre. Sur un plan purement stratégique, cette méthode serait plus efficace car la fierté de l'enfant le fera peut-être réagir.

En revanche, s'il ne fait pas son travail à la maison par paresse ou par mauvaise volonté, il pourra être puni en étant notamment privé d'activités agréables inutiles voire préjudiciables pour son développement telles que les jeux vidéo ou la télévision. C'est le non-respect de ses obligations qui sera sanctionné, pas la mauvaise note.

Le principe de l'apprentissage en classe fonctionne aussi pour le travail à la maison : apprendre, consolider, vérifier. Les devoirs sont souvent en tant que tels des consolidations. Les devoirs à la maison sont critiqués par certains pédagogues et psychologues qui les jugent contre-productifs, voire néfastes au bon développement de l'enfant. Ils ajouteraient de la fatigue pendant les jours de classe, déjà surchargés, et rendraient l'enfant moins attentif. En outre, ils seraient préjudiciables aux bonnes relations entre parents et enfant et prendraient la place d'activités sportives, ludiques, sociales ou artistiques plus favorables à l'éveil de l'enfant.

D'ailleurs, si les leçons sont admises, les exercices à la maison sont officiellement interdits depuis des décennies. Pourtant, ils n'ont jamais été aussi présents. Considérés comme inutiles pour les bons élèves lorsqu'ils sont faciles, les devoirs donnés aux élèves les plus faibles pour lutter contre leur échec sont impossibles à accomplir seuls. Cependant, la plupart des parents ne comprendraient pas et s'inquiéteraient que l'enfant n'ait pas de devoirs à faire. L'inquiétude des parents quant à la réussite scolaire, accrue en période de crise économique, ne fait que renforcer cette attente de devoirs.

Alors, quitte à ce que l'enfant ait des devoirs à faire, autant qu'il les fasse bien et dans les meilleures conditions. Pour cela, la première règle est le temps qui doit y être consacré. N'oubliez pas qu'en primaire, votre enfant passe 24 heures par semaine sur les bancs de sa classe, plus éventuellement 2 heures de soutien individualisé, auxquelles s'ajoute le temps de cantine qui n'est pas de tout repos… Les collégiens ont entre 25 et 28 heures 30 de cours par semaine. Au lycée, selon la série et les options choisies, l'enseignement oscille entre 30 et 40 heures par semaine. Sans compter les éventuelles heures de colle (surtout dans les écoles privées)… Le temps maximum dédié aux devoirs évolue en fonction de l'âge de l'enfant. Il n'existe pas de consensus. Je propose de façon schématique un temps maximal de 10 minutes multiplié par le nombre d'années d'école en considérant le CP comme la première année. Ainsi, 10 minutes maximum par jour en CP, 60 minutes maximum en 6e (six années après le CP), et 90 minutes en classe de 3e. Ce temps de devoir peut se répartir sur la semaine. On obtient le temps maximum hebdomadaire en multipliant par 5 : soit 50 minutes maximum par semaine en CP, 5 heures en 6e et 7 heures 30 en 3e.

Une règle essentielle doit s'imposer aux parents et aux élèves : ne pas dépasser le temps maximal consacré aux devoirs, même s'ils ne sont pas achevés. Si l'élève est resté devant son bureau sans produire, inutile de l'y maintenir. Cela ne le rendra pas plus efficace et n'aura comme effet que de le dégoûter de la scolarité. Le problème doit être traité autrement, mais sans augmenter le temps de devoir ni supprimer les activités annexes, sportives, sociales ou familiales utiles à son développement et à sa réussite scolaire. Bien sûr, si les devoirs sont finis avant le temps maximum, on n'en ajoutera pas. N'oubliez pas que le temps des devoirs doit être présenté comme un temps d'apprentissage ou d'échange et non comme une punition, une corvée ou un travail, puisque le travail est interdit pour les enfants.

Une chambre au calme avec un bureau et un siège confortable, en veillant à ce que les plus jeunes frères ne dérangent pas leur aîné travaillant, est le cadre qui semble le plus propice aux enfants. Mais cette règle souffre de nombreuses exceptions. Certains enfants (je faisais partie de ceux-là) travaillent mieux quand ils sont entourés par une animation familiale et s'ennuient moins à faire leurs devoirs sur la table de la salle à manger. D'autres encore (j'en fais encore partie) ne travaillent bien que sur leur lit. D'autres, enfin – des enfants que l'on pourrait qualifiés de kinesthésiques –, ont besoin d'être debout pour bien apprendre. Le bon moment pour faire ses devoirs ne se présente pas toujours juste après le goûter. Les collégiens qui veillent un peu tard sont parfois plus efficaces après un bain chaud qui réveille (contrairement aux idées reçues) ou une séance de sport (surtout chez les plus actifs d'entre eux). Il s'agit de respecter la façon propre à l'enfant de faire au mieux ses devoirs.

L'intérêt des devoirs est d'apprendre à travailler de façon autonome. Mais l'autonomie ne s'apprend pas tout seul. La présence des parents ou d'un accompagnateur est utile, à condition qu'elle ne soit pas permanente. Le parent donne le signal de départ et le signal de fin et vient vérifier régulièrement l'avancée des travaux, tous les quarts d'heure. Il reste à sa disposition si l'enfant bloque sur un point et qu'il l'interpelle. Le reste du temps, il vaque à d'autres occupations, comme aider les autres enfants à faire leurs devoirs. Le parent devra éviter que le temps des devoirs soit la seule occasion d'échanges individuels avec l'enfant. Ce dernier en prolongerait alors inconsciemment la durée, même si cela devient source de conflits, car un enfant préfère une attention conflictuelle plutôt qu'une absence d'attention. Enfin, bien ou mal faits, les devoirs ne doivent pas occuper toute la conversation du dîner.

Le parent qui accompagne l'enfant dans ses devoirs ne remplace pas l'enseignant, il ne refait pas le cours. Au contraire, il place l'enfant dans le rôle de celui qui lui explique le cours. Il importe que les deux parents s'engagent dans l'accompagnement du travail à la maison de façon équitable et notamment que les apprentissages scolaires soient « masculinisés » par l'intérêt que leur porte le père.

Une certaine méthodologie peut s'appliquer aux devoirs à la maison pour aider l'enfant qui se sent submergé, en particulier chez le collégien et le lycéen. Une fois le temps de devoir défini pour la soirée ou l'après-midi, il convient de faire une pause de 5 minutes toutes les 30 ou 40 minutes afin d'éviter les arrêts intempestifs ou les rêveries. Il peut aussi être intéressant de proposer à l'enfant de diviser son travail en trois ou quatre parties, par exemple en matières, en périodes de temps, en étapes ou en exercices. Si votre collégien ou lycéen n'arrive pas à prendre correctement son cours pour des raisons de lenteur ou d'inattention, donnez-lui l'habitude de travailler directement sur le livre de référence en retrouvant les chapitres correspondant à la leçon. Conseillez-lui de souligner sur ses cours, en même temps qu'il les relit, les idées fondamentales, les formules-clé et les mots-clé avec des couleurs différentes. Insistez pour qu'à la fin de chaque leçon, il fasse un résumé de quelques lignes dans lesquelles il reprendra les points essentiels. Il faut qu'il imagine après chaque leçon deux ou trois questions que le professeur pourrait lui poser. De même, après avoir fait ses devoirs, qu'il les relise en se mettant dans la peau d'un professeur qui corrige. S'il fait ses devoirs avec un camarade, ce qui peut être une formule intéressante, qu'ils s'entraînent tous deux à se corriger mutuellement à la suite d'un travail individuel.

Si les devoirs sont systématiquement source de conflits, les parents ne devront pas culpabiliser en délégant cette besogne à un étudiant ou à un professeur particulier, si leurs moyens le leur permettent, car les enjeux affectifs, qui sont autant d'obstacles, seront ainsi réduits.

Peut mieux faire !

Si ce commentaire ne cesse de fleurir sur les livrets scolaires, il est en votre pouvoir de changer le cours de choses.

1 Reprenez les bulletins scolaires des deux dernières années pour observer l'évolution des notes.

2 Faites un bilan des forces et des faiblesses de votre enfant, en prenant le temps, tout un week-end par exemple ou pendant les vacances scolaires, d'évaluer ses difficultés matière par matière.

3 Établissez un véritable emploi du temps de la semaine, heure par heure, incluant toutes les activités de votre enfant : les temps de loisirs, de repas, de sommeil, de devoirs...

4 Pour chaque matière, regardez avec votre enfant, chapitre par chapitre, ceux qui sont acquis et ceux qui ne le sont pas.

5 Un temps hebdomadaire sera consacré à la révision des chapitres suscitant des difficultés. Les devoirs seront faits avec votre aide ou celle d'une tierce personne.

6 Un soir par semaine, toujours le même, prenez une demi-heure avec votre ado pour établir un plan hebdomadaire des devoirs, matière par matière, avec pour chacune d'elles un temps défini qui ne sera pas dépassé aux dépens d'une autre. Si le travail n'est pas achevé, on passe à la matière suivante afin d'éviter les mécanismes de procrastination (tendance à traîner, à toujours remettre au lendemain).

7 Durant cette demi-heure hebdomadaire, faites le point sur les notes de la semaine, sans réprimande aucune, mais en analysant objectivement les points de blocage.

8 Fixez des objectifs réalisables en termes de progression des notes avec éventuellement un cadeau à la clé pour récompenser l'effort fourni.

BON OU MAUVAIS À L'ÉCOLE, N'OUBLIEZ PAS QUE VOTRE ENFANT EST INTELLIGENT

La réussite scolaire nécessite une bonne intelligence, notamment linguistique et surtout logicomathématique, mais des enfants très intelligents en ces domaines ne réussissent pas toujours leur scolarité. C'est le cas en particulier des enfants intellectuellement précoces. Les demandes de tests de QI (quotient intellectuel) fleurissent aujourd'hui car beaucoup de parents imaginent, parfois non sans raison, que les difficultés scolaires ou relationnelles de leur enfant sont dues à une précocité. Que penser de ces tests de QI (voir encadré p. 70) ?

Mais l'intelligence est bien plus riche que ce qu'en mesure le QI. Il existe en effet d'autres formes d'intelligence utiles dans la vie professionnelle et sociale, mais peu primées à l'école. Edgar Morin écrivait : « L'intelligence, ce n'est pas seulement ce que mesurent les tests, c'est aussi ce qui leur échappe. » Ne soyez donc pas aveugle aux intelligences de votre enfant, quelle que soit sa réussite. Voyons différentes formes d'intelligences telles qu'elles ont été définies par Howard Gardner, professeur de psychologie cognitive à Harvard à la fin du siècle dernier ; en sachant que des élèves cumulent des intelligences diverses.

L'intelligence logicomathématique. Julien est un futur matheux ou un futur ingénieur, informaticien, à moins qu'il ne devienne champion d'échecs. C'est un bon élève, malgré une moindre performance en français, puisque l'intelligence qu'il possède règne en maître à l'école. Il est doué pour les puzzles, les mots croisés, les casse-tête, les jeux vidéo de stratégies, les jeux de déduction. Il goûte les sciences en général, et il aime analyser les causes et les conséquences des phénomènes. Il se passionne pour les planètes et les dinosaures autant que pour les nouveaux téléphones portables. Il s'intéresse au fonctionnement des différents engins,

Les tests de QI

Le quotient intellectuel est né d'une demande du ministère de l'Instruction obligatoire, ancêtre de l'Éducation nationale, pour mettre au point un instrument de mesure de l'intelligence. Ce furent Alfred Binet (1857-1911) et Théodore Simon (1872-1961), deux scientifiques, qui élaborèrent en 1904 cette « **échelle métrique de l'intelligence** ». L'idée des politiciens de l'époque était de prédire la réussite ou l'échec scolaire (il est cocasse de noter qu'un projet de l'Éducation nationale, retenu fin 2011, qui consistait à évaluer en plus des acquis scolaires des données comportementales et émotionnelles, projet fortement décrié par les professionnels de l'enfance, poursuit le même objectif).

Le quotient intellectuel se mesure avec des tests qui évaluent les compétences cognitives à partir des résultats et des comportements observés lors d'une série d'épreuves. Pour chacune de ces épreuves, il y a une consigne propre et un matériel particulier. Les résultats à ces tests multitâches sont communiqués en âge mental ou quotient intellectuel. On peut établir des résultats partiels sur les tâches qui utilisent ou non les compétences verbales. Ainsi, on peut évaluer le QI d'un enfant qui a un retard de langage. On parle de QI verbal et de QI de performance (ou indice de compréhension). On peut mesurer le QI dès l'âge de 3 ans. Chez l'enfant et l'adolescent, on utilise les échelles dites de Wechsler. Par définition, la répartition est harmonieuse dans la population générale : un QI inférieur à 70 (2,2 %) désignant un retard mental et un QI supérieur à 130 (2,2 %) désignant une précocité. Les deux tiers de la population ayant un QI compris entre 85 et 115, cet intervalle est considéré comme une zone de résultats permettant de suivre la scolarité sans trop d'inconfort.

Le QI, c'est le rapport entre un âge mental donné par le résultat du test sur l'âge réel, multiplié par 100. Ainsi, un enfant de 8 ans qui montrerait des résultats analogues à la moyenne des enfants de 10 ans aurait un QI de : (10/8) x 100 = 125.

Le résultat est empirique : c'est une moyenne constatée à partir d'enfants du même âge et sans doute d'une même culture. En effet, l'universalité de ces tests est très contestée tant l'influence culturelle jouerait sur les types de savoirs et de compétences.

Les résultats aux tests de QI ne méritent ni d'être surestimés, ni totalement rejetés. Ils peuvent indiquer une difficulté cognitive à une période de la vie, sans remettre en cause l'intelligence fondamentale de l'enfant. Ils ne montrent qu'un écart par rapport à une norme statistique. Le bilan des tests n'est pas à prendre comme un résultat figé et déterminant pour l'avenir, mais doit être interprété en fonction de l'état psychologique de l'enfant et du contexte (familial, social mais aussi de la passation des tests). De plus, les résultats sont très dépendants de la motivation de l'enfant. Le QI ne mesure pas bien d'autres compétences utiles pour la réussite scolaire et l'adaptabilité à la vie en société comme la créativité, l'ouverture d'esprit, l'esprit d'initiative, le pragmatisme, la capacité à demander de l'aide, la volonté, etc. Je les utilise personnellement comme une photographie dont je peux suivre l'évolution au fil de la prise en charge de l'enfant.

Chez les tout-petits, il est question de quotient de développement. On évalue leur âge de développement en fonction de leur niveau de développement. Ceci se fait par l'observation de l'enfant, son examen physique, sa sollicitation lors d'activités motrices et cognitives (graphisme, découpage, construction) et aussi par l'interrogatoire des parents. Seront ainsi évalués la motricité globale (marche, saut..) et la motricité lors d'activités plus fines (tenue d'un crayon, manipulation d'objet, découpage..), le niveau de compréhension, le raisonnement, le jugement, les capacités relationnelles. Le quotient de développement n'est pas un quotient intellectuel. Il compare l'âge réel à l'âge de développement selon la formule : **quotient de développement = âge de développement divisé par l'âge réel.** Le total est multiplié par 100. Sur indication médicale, à partir d'échelles standardisées détaillées (échelle de Brunet-Lézine), les psychologues peuvent affiner l'évaluation du niveau de développement.

aime démonter les machines, adore les jeux d'énigme et son bon sens logique rivalise avec sa faculté de raisonnement, ce qui le rend parfois un peu trop raisonneur. En maternelle, il catégorise et ordonne bien les objets. En primaire, il manifeste un intérêt pour les chiffres et une bonne capacité à calculer, mesurer et résoudre les problèmes mathématiques ; sa capacité d'abstraction se développe précocement.

L'intelligence verbale et linguistique. Julia est une future écrivaine, politicienne, interprète ou avocate. Elle aime parler, lire, écrire. Elle s'exprime bien même pour développer des idées complexes et comprend tout ce qu'on lui dit. Elle sourit à la citation de Jules Renard qui écrivait dans son journal « qu'un homme intelligent arrive toujours à résoudre un théorème mais pas toujours à réussir un poème. » Elle est douée en récitation, joue avec les mots, sait raconter des histoires et adore qu'on lui en raconte. Elle est à l'aise pour convaincre et embobiner autrui. À l'école, elle est très bonne en français, en histoire et en langue.

L'intelligence intrapersonnelle. Roxane est une future éditrice, analyste financière, juriste, inspectrice de police ou juge. Apte à l'introspection et à l'auto-évaluation, elle connaît son fonctionnement émotionnel et comprend ses différentes réactions. Elle ne se lie pas facilement et ne craint pas d'être seule. Son intelligence utilise davantage le champ des représentations et des images que celui du langage. Elle aime lire et écrire, d'ailleurs elle tient un journal intime. Sans en faire part aux autres, elle connaît ses forces et ses faiblesses. Elle a une vie intérieure riche qu'elle ne partage qu'avec quelques rares personnes. Elle est autonome, ne cherche pas à imiter les autres, n'est pas trop influençable sur le plan des modes de pensée comme des modes vestimentaires. C'est une intelligence peu évaluée scolairement mais qui profite à diverses professions demandant une bonne maîtrise de soi sans exiger d'importantes compétences relationnelles.

L'intelligence interpersonnelle. Arthur est un futur communicant, assistant social, chargé de clientèle, employé des ressources humaines, vendeur, commerçant, politicien ou guide spirituel. Il sera en tout cas apprécié dans le travail d'équipe. On lui reconnaît des qualités de souplesse sociale, il s'adapte bien aux nouvelles situations. André Gide notait que « l'intelligence, c'est la faculté d'adaptation ». Très tôt, Arthur s'est montré doué pour comprendre le fonctionnement d'autrui. Il manifeste de l'empathie, c'est-à-dire une vraie capacité à se mettre à la place de l'autre de façon à comprendre ses ressentis, que ce soit pour l'aider ou le manipuler. Il est aussi doué pour analyser les personnages de la littérature. Arthur sait réagir aux attitudes d'autrui de manière adaptée, repérer les nuances de tempérament, les intentions et les motivations des personnes qui l'entourent. Il est assez populaire à l'école. Il est partant pour les projets de groupe et se montre sensible aux états émotionnels des autres sans que cela ne le touche de trop près. Il est volontiers un médiateur entre ses camarades, ou entre ces derniers et l'enseignant.

L'intelligence spatiale. Mathieu ne sera pas obligatoirement spationaute, mais il lui est aisé d'avoir une bonne représentation spatiale de son environnement. Très tôt, il a su se repérer facilement dans l'espace ou sur une carte. Il ferait un excellent explorateur. En attendant, il est très apprécié dans les camps scouts. À l'école, il est bon en géographie, en géométrie, en technologie et en arts plastiques. Dans les autres matières, il a souvent besoin qu'on lui fasse un dessin pour comprendre… Il apprend mieux par la vue que par l'ouïe et a besoin d'un support visuel pour bien retenir. D'ailleurs, le langage cinématographique ou audiovisuel lui est facilement accessible et il le décode sans problème. Ce potentiel intellectuel lui sera très utile s'il devient géomètre, géographe, géologue, artiste-peintre ou sculpteur, architecte, styliste, technicien dans l'audiovisuel, chirurgien, dentiste, maçon, plombier, pilote d'engins ou d'hélicoptère.

L'intelligence kinesthésique. C'est l'intelligence du corps. Elle concerne davantage les garçons que les filles alors que l'intelligence verbale concernerait un peu plus les filles. Elle fait dire au philosophe présocratique Anaxagore (*Fragments*) que l'homme est intelligent parce qu'il a une main. Maxime est très doué sur le plan de la motricité. À l'aise dans son corps, il est doué pour tous les sports (on n'hésitera pas à parler, en sport collectif par exemple, de ses « passes intelligentes »). S'il n'en fait pas profession comme danseur ou mime, par exemple, cette intelligence lui sera utile dans tous les métiers où la motricité générale (du corps) ou fine (des doigts) sont en jeu, tels ceux de l'artisanat, des métiers techniques ou certaines formations militaires. À l'école, Maxime est bien sûr doué en éducation physique ou et technologie. Il a souvent besoin d'utiliser son corps pour communiquer, ce qui est mal compris en classe où on le trouve agité. Pour les autres matières, il aura tendance à agir avant de lire les consignes. Il apprendra plus facilement par le biais de ses sensations corporelles. Il faudrait donc accepter qu'il bouge et ne reste pas toujours assis pour travailler en classe ou pour apprendre ses leçons à la maison.

L'intelligence musicale. Sophie est très douée pour reconnaître les différents rythmes et sons, leur tonalité et les musiques en général, mais aussi pour interpréter et composer des airs. Elle a l'oreille musicale. Très tôt, Sophie avait tendance à fredonner ou à battre le rythme. Sur le plan scolaire, elle apprend mieux les différentes matières par la transmission orale que par la lecture. Si par ailleurs elle est bonne en français ou en mathématiques, elle aura tendance à penser en termes de rythmes et de mélodies.

L'intelligence naturaliste. Merlin, en maternelle, classait très bien les objets en diverses catégories. En primaire, il s'est passionné pour les espèces animales, végétales ou minérales, qu'il reconnaissait facilement. Il s'intéresse à la nature et s'inquiète des dégâts qui peuvent lui être causés. Pour Noël, il préfèrerait mille fois un chiot plutôt qu'un jeu vidéo. Il est malheureux en ville et attend avec impatience les week-ends à la campagne. D'ailleurs, il est plus efficace pour faire ses devoirs à l'extérieur qu'enfermé dans sa chambre. En classe, il aime la géographie, les sciences de la nature ou de la vie et n'est pas mauvais en physique. Ses « ancêtres préhistoriques » étaient de grands chasseurs, habiles à reconnaître les traces d'animaux, à repérer les espèces qui leur permettraient de survivre, à étudier les terrains où s'installer, et à éviter les plantes dangereuses. Plus tard, Merlin sera un excellent chasseur, fermier, ingénieur agronome, biologiste, botaniste, vigneron, garde-forestier, apiculteur, jardinier, cuisinier ou agent du développement durable.

L'intelligence spirituelle. Il n'est pas question ici de l'humour, bien que ce soit un aspect certain de l'intelligence insuffisamment pris en considération scolairement. Howard Gardner ne la considérait pas comme une intelligence à part entière. Thomas s'est posé des questions très tôt sur le sens et l'origine des choses, mais sans angoisse car il a toujours été réceptif aux différentes réponses proposées, contrairement à Julien (avec son intelligence logico-mathématique) qui n'admet que les réponses scientifiques. Plus grand, Thomas s'interroge avec grâce sur nos origines et notre destinée, sur l'infiniment grand et l'infiniment petit. Il est aussi sensible aux notions du bien et du mal, aux questions de morale et d'éthique en général. Ses capacités réflexives lui profitent dans les matières littéraires, mais il faudra attendre la terminale pour qu'en cours de philosophie il donne le meilleur de lui-même. Une fois bachelier, Thomas sera un très bon étudiant en théologie. D'ailleurs, la notion de Dieu est déjà au cœur de ses réflexions alors qu'il n'a pas reçu d'éducation religieuse.

« Si l'amour des amants peut rendre bête » comme le dit le proverbe, l'amour des parents rend intelligent. Quel que soit son type d'intelligence dominant, il convient d'aider son enfant à développer ses différents champs de compétences, y compris ceux qui paraissent les moins fertiles, mais en étant toujours guidé par des sentiments de respect et d'amour. Tout au long de sa scolarité, les parents, comme les enseignants chargés de transmettre un savoir, ont un rôle de guide, de « coach » dirait-on aujourd'hui. Ils doivent être en mesure d'aider l'enfant à développer au mieux ses outils d'apprentissage, de lever les éventuels obstacles mentaux ou comportementaux aux bonnes acquisitions. Ce coaching ne pourra être nourri que de bienveillance.

4

COACHER SON ENFANT AVEC AMOUR

L'accompagnement de votre enfant, qu'il soit fait par vous ou par un tiers, doit reposer sur la confiance que l'on a en lui. C'est vrai que l'on soit parent ou enseignant. Il ne s'agit en aucun cas de l'entraîner comme un sportif de haut niveau, visant uniquement la performance aux dépens de son développement global, mais de l'aider à développer ses compétences intellectuelles et affectives, ses intelligences cognitives et émotionnelles, afin qu'elles soient profitables à son épanouissement. La réussite scolaire ne sera que le reflet de cet épanouissement intellectuel et émotionnel et non un but en soi.

À l'inverse, une réussite scolaire considérée indépendamment de ces facteurs n'est pas l'assurance d'un épanouissement véritable. Les parents ne doivent pas se reposer sur elle pour s'assurer du bien-être de leur enfant.

L'AMOUR DE LA LECTURE

L'amour d'apprendre est transmis, pour une part, par l'entourage familial. En effet, l'amour avec lequel les parents éduquent, accompagnent et transmettent des savoirs à leur enfant tout au long de sa scolarité (voir chapitre précédent), participe au développement de son amour d'apprendre. L'amour d'apprendre est contagieux. Voir ses parents apprendre avec plaisir conduit l'enfant à faire de même en s'identifiant à eux. Apprendre devient pour lui synonyme de grandir. C'est prendre autour de soi, s'approprier l'environnement pour s'en nourrir. Les appétences pour les nourritures terrestres et spirituelles sont motivées par la même pulsion vitale de croissance. L'amour d'apprendre s'apprend aussi. C'est le cas de tous les apprentissages, par exemple de l'amour de lire.

Mark Taylor et des chercheurs d'Oxford ont montré sur une cohorte d'individus nés en 1970 que les individus qui lisaient le plus à l'âge de 16 ans étaient ceux qui proportionnellement avaient le mieux réussi professionnellement, en ce sens qu'ils occupaient le plus de postes à responsabilités, davantage que les férus de sports, d'écrans de télévision ou de cuisine, entre autres activités.

C'est ce qui nous amène à nous interroger sur les causes du désamour de la lecture chez certains jeunes enfants, et sur les moyens de leur communiquer ce goût. Car, comme l'écrit Rolande Causse, « qui lit petit, lit toute sa vie »…

L'amour de la lecture se transmet... par les livres. Il est bienvenu d'offrir à l'enfant, dès son plus jeune âge, des livres pour tout-petits bien avant qu'il ne sache lire. Un livre se dévore sans avoir besoin d'être lu. On parle en effet d'« objet-livre » que l'enfant regarde, prend en main, agite, caresse ou mord.

Raconter une histoire chaque soir à son enfant en prenant appui sur un livre lui donnera envie d'accéder par lui-même à la lecture et ainsi à ces histoires. Quand l'enfant découvre enfin la lecture, c'est l'occasion de jouer à décoder les mots écrits quel que soit leur support : panneaux publicitaires ou étiquettes de bouteilles – à condition que cela n'apparaisse pas comme une contrainte imposée par les parents.

Les grands lecteurs devenus adultes déclarent souvent qu'ils ne lisaient pas pour faire plaisir à leurs parents, mais bien pour s'occuper, avoir la paix, ou bien justement pour s'autonomiser par rapport à l'univers parental. Il y a même chez certains une dimension, consciente ou non, de volonté de transgression, comme celle d'avoir accès à des savoirs qui auraient pu ne pas leur être communiqués. Il y eut d'ailleurs pendant des siècles des livres interdits, comme aujourd'hui il y a des films interdits aux mineurs.

Le soir, il serait de bon aloi d'exiger de votre enfant qu'il se couche très tôt, sans lui autoriser d'écran mais en lui laissant la possibilité de lire s'il le souhaite pendant une demi-heure ou trois quarts d'heure avant l'extinction des feux. Les bibliothèques municipales pour enfants sont de plus en plus accueillantes et les bibliothécaires sont particulièrement bien formés pour amener les enfants à lire et pour les conseiller en fonction de leur personnalité et de leurs goûts. Parfois, des ateliers lectures y sont proposés. En tout cas, c'est un endroit où il convient d'amener son enfant au moins aussi souvent qu'au supermarché.

Certains films tirés de livres pour la jeunesse provoquent l'engouement des enfants en amont de leurs sorties, grâce au marketing ou parce qu'ils ont aimé les premiers épisodes. C'est l'occasion de les inviter à lire en avant-première l'histoire du film dans le livre d'origine. Les films tirés de la série littéraire *Harry Potter* ont poussé une génération de non-lecteurs vers la lecture. Ne jetez pas l'anathème sur les bandes dessinées, les histoires à l'eau de rose ou les magazines. La lecture de pure détente est bénéfique aux lectures plus scolaires. La sacralisation des livres, si elle peut en attirer certains, risque de les rendre inaccessibles à beaucoup d'autres. Laissez l'enfant faire corps avec son livre et ne le grondez pas s'il le corne ou s'il griffonne dessus. Sachez que les livres que vous avez aimés ne lui plairont pas obligatoirement car leur style et leurs descriptions sont parfois éloignés de son univers.

Tenez compte de ses centres d'intérêts dans le choix des livres que vous lui proposerez, questionnez le libraire, achetez par exemple un livre en lien avec la région où il passe ses vacances, ou avec son dessin animé préféré. Enfin, invitez-le à fabriquer son propre livre dans lequel il racontera ses rêves ou ses vacances, à moins que ce ne soit un abécédaire sur les animaux illustré par des collages ou, pourquoi pas, un manuel scolaire pour plus petits que lui.

L'envie de grandir ne suffit pas pour que la croissance soit harmonieuse et un accompagnement est indispensable pour entrer au mieux dans les apprentissages et en tirer le meilleur profit. Au-delà de la simple transmission du savoir, le but du coaching est notamment de lever un certain nombre d'obstacles constitués de fausses croyances ou de véritables peurs, qui sont autant de mauvaises herbes gênant les acquisitions.

CHASSEZ SES FAUSSES CROYANCES

Certains enfants sont prisonniers de fausses croyances qui peuvent être à l'origine d'une performance scolaire médiocre, voire d'un véritable échec. Ces fausses croyances sont plus ou moins conscientes et bloquent l'enfant dans sa volonté, ses actions, ses décisions, ses réflexions, ses raisonnements. Elles s'attachent généralement à l'enfant lui-même qui se trouve persuadé d'être « nul en maths », par exemple, alors qu'il éprouve simplement des difficultés. Cependant, cette fausse croyance le démobilisera dans cette matière et transformera ses devoirs de maths en corvées. Il apprendra moins bien, sera moins attentif en classe et davantage stressé pendant les contrôles.

····› Camille, une enfant de 11 ans que j'ai suivie en cabinet, était de ceux-là. Sa fausse croyance trouvait son origine dans sa situation familiale avec un père ingénieur dont les maths avait été la matière favorite et une sœur qui tenait tout de lui : le tempérament, des traits physiques et l'excellence en cette matière. Camille tenait de sa mère, pensait-elle, et se croyait nulle en maths comparativement à sa sœur. Quand elle réussit à chasser cette fausse croyance en cessant de se comparer à cette dernière en particulier, elle put alors confronter simplement sa moyenne avec celles de ses copines. Elle fut aidée en cela par son père qui s'efforça de la voir non plus comme le portrait de sa mère, une pure littéraire, mais davantage comme sa fille.

Les croyances qui limitent la réussite scolaire sont infinies : « je suis nulle en français », « les profs ne m'aiment pas », « dans ma famille, on est nul en langue », « je suis fainéant », « je manque de volonté »... Beaucoup de ces fausses croyances ont pu être transmises par l'entourage et les étiquettes données à l'enfant. Ces derniers ont tendance à s'identifier aux étiquettes qu'on leur attribue. À force de s'entendre dire qu'ils ne sont pas faits pour le travail scolaire ou qu'ils ont un tempérament d'artiste inapte aux contraintes de l'école, ils finissent par adhérer à ce « statut » et par donner raison à ceux qui le leur donnent. Les étiquettes ne sont pas toujours le fruit des parents. Dans ce domaine, on peut aussi compter sur les autres membres de la famille, en particulier les grands frères et grandes sœurs dont l'influence peut être majeure. Les parents ne contrôlent pas toujours l'incidence du jugement fraternel qui parfois dévalorise et restreint l'enfant, et peut être porté de façon répétitive en leur absence.

Certains professeurs ont aussi des idées préconçues et péjoratives sur les enfants ; ils risquent alors de les influencer négativement. Il arrive que plusieurs professeurs aient sur un enfant le même a priori péjoratif, ce qui renforce le phénomène. Cela s'explique par l'impact de l'apparence. Aussi terrible que cela paraisse, le jugement que le professeur ne peut s'empêcher de porter sur l'élève est tout sauf objectif. La façon dont l'enfant se présente dans sa tenue vestimentaire, sa posture, sa diction, son physique vont influencer le regard des enseignants et leur jugement. Ce dernier influencera les notes. On sait que les notes varient selon le sexe de l'enfant, mais on évalue moins l'impact d'autres critères. Il y a des enfants au visage d'ange et d'autres qui d'emblée vont passer pour d'affreux jojos. Une enfant discrète, élancée, un peu voûtée car trop grande et gênée de l'être, aux cheveux devant les yeux, timide et, de surcroît, un peu lymphatique, passera volontiers pour une fumiste. À l'inverse (tant mieux pour eux !), d'autres enfants à l'œil vif, à la posture assurée, silencieux et en position d'observation, passeront sans que l'on ait échangé le moindre mot avec eux pour des enfants intelligents car « cela se voit dans leur regard ». Cette subjectivité de l'enseignant va influencer l'enfant dans ses résultats.

À l'occasion d'une étude, une classe d'enfants à l'intelligence moyenne, ayant obtenu des résultats moyens aux tests de QI, a suivi l'enseignement d'un professeur. Deux groupes d'importance égale avaient été établis : le premier avec des enfants faussement présentés au professeur comme étant doués et sages et le second avec des enfants faussement présentés comme perturbateurs et ayant des difficultés à apprendre. À la fin de l'année, on a refait passer les tests d'intelligence. Le premier groupe avait obtenu cette fois des scores supérieurs au premier test et le second groupe des scores inférieurs. Par ailleurs, le premier groupe avait de meilleurs résultats scolaires et beaucoup moins de punitions avaient été données comparativement au second groupe.

Aux parents aussi de modifier leurs fausses croyances vis-à-vis de leurs enfants et parfois vis-à-vis d'eux-mêmes, comme Amélie qui, persuadée que sa fille tenait d'elle, ne s'étonnait pas et trouvait normal qu'elle ne soit pas douée en sciences. C'est le travail sur cette fausse croyance qui a permis à la mère de comprendre que si sa fille n'avait pas de bons résultats dans cette matière, c'était pour ne pas faire de l'ombre à son frère qui, lui, n'était bon qu'en sciences. Pour valider ses fausses croyances, le mental de l'enfant utilise un filtre. C'est-à-dire qu'il traite les informations qu'il reçoit en ne retenant que les données qui vont dans le sens de cette fausse croyance et en laissant les autres de côté. Ainsi, persuadé d'être « nul » dans tel ou tel domaine, ou globalement à l'école, il va se focaliser sur ses erreurs, ses oublis, ses mauvaises notes et les réprimandes reçues. À l'inverse, il aura tendance à occulter ou à disqualifier ses réussites, ses bonnes notes ou ses progrès, de même que les félicitations ou les encouragements reçus. Pour éviter cela et lutter contre ce filtre déréalisant, les parents tiendront avec lui un cahier de ses réussites dans lequel il notera au quotidien ce qui est à interpréter comme positif dans le domaine concerné. Le rôle des parents est en effet d'aider l'enfant à modifier ses fausses croyances en contestant les affirmations péjoratives portées sur lui.

Dans ce dessein, ils interviendront par différents biais : en découvrant l'origine de cette fausse croyance (étiquette, comparaison, renoncement) pour mieux la déloger, en insistant sur les capacités évolutives de chacun en chaque domaine, en invitant leur enfant à imaginer une autre réalité ou encore en proposant l'acceptation d'une voie médiane. Par exemple, ne pas être excellent(e) en maths ne signifie pas être nul(le), on peut être simplement dans la moyenne. Ils pourront aussi lui rappeler certaines idées fausses qu'ils avaient plus jeunes et qui ne sont plus vraies aujourd'hui : par exemple, l'idée qu'ils ne réussiraient jamais à faire du vélo, à apprendre à nager, à ne pas aimer les carottes alors qu'ils en mangent avec plaisir aujourd'hui. Ils lui démontreront le caractère fallacieux de ses croyances par des contre-exemples : même s'il pense qu'il n'est pas intelligent, il a su bien se débrouiller sur ce travail difficile ; et s'il croit être fainéant, il a consacré beaucoup d'énergie pour construire une cabane cet été.

Les parents inviteront l'enfant à mettre dans le même sac la fausse croyance actuelle et les fausses croyances passées pour les rejeter virtuellement toutes ensemble. Ensuite, ils lui diront de s'attacher à une croyance d'espoir telle que « je dois pouvoir être bon en maths », puis de l'écrire sur une feuille. Ils lui demanderont de prononcer une affirmation comme « le soleil va se coucher le soir » ou « maman m'aime » et l'inviteront à associer ces deux croyances en les liant au fond du même sac imaginaire.

À mesure que ses fausses croyances commenceront à se dissiper, votre enfant sera plus à même de recevoir de nouvelles étiquettes, positives cette fois, qui l'aideront à réussir. Aussi faut-il faire l'inventaire de ses dons.

Mettre la lumière sur les dons de l'enfant

1 Rappelez-lui toutes les compétences qu'il a acquises alors qu'il ne croyait pas y parvenir un jour.

2 Invitez-le à ne pas se comparer uniquement aux meilleurs que lui.

3 Faites-lui remarquer ce qu'il sait faire et pas seulement ce qu'il sait faire mieux que ses frères et sœurs ou mieux que les autres.

4 Valorisez les progrès qui se font souvent dans des domaines où il n'excelle pas, puisque c'est là que sa marge de progression potentielle est la plus importante.

5 Intéressez-vous à ce qu'il fait même dans des domaines où il n'est pas doué, afin qu'il s'y intéresse également.

6 S'il est bon en musique, ne faites aucun obstacle à sa pratique, mais ne négligez pas les autres domaines qu'il investit moins spontanément, en particulier ceux où ses frères et sœurs excellent. S'il les néglige, c'est parce qu'il sent qu'il n'aura jamais une attention parentale aussi importante que ses frères et sœurs dans ces domaines spécifiques.

REPÉREZ ET LEVEZ SES PEURS D'ÉCHOUER OU DE RÉUSSIR

La peur est l'un des principaux obstacles à la réussite scolaire. Il ne s'agit pas de la peur d'aller à l'école, telle qu'elle existe dans la phobie scolaire. Dans ce dernier cas, l'enfant ne peut pas quitter la maison pour se rendre à l'école tant une peur aussi irrationnelle qu'intense l'en empêche. En revanche, il étudie fort bien chez lui grâce à des cours par correspondance, notamment, et peut poursuivre ainsi sa scolarité. Je voudrais traiter de ces peurs insidieuses qui avancent masquées, parfois inconscientes, et qu'il convient de repérer pour les faire prendre en charge.

La peur d'échouer

C'est la plus aisément repérable. Beaucoup d'enfants en font l'expérience. Cette peur est le plus souvent bénéfique puisqu'elle pousse l'enfant à être attentif en classe et à faire ses devoirs à la maison. Mais, exagérée, elle devient un handicap qui démobilise l'enfant à l'école, altère son attention et sa concentration, perturbe son comportement (le rendant agité ou le rigidifiant selon sa personnalité), gêne son raisonnement et peut entraver sa mémoire dans des moments de panique. Elle touche des élèves doués comme de moins doués. Elle est renforcée quand le niveau scolaire, quel qu'il soit à l'origine, connaît une baisse pour des raisons diverses. Une pression parentale excessivement affirmée ou sous-entendue mais présente va maintenir cette peur à un niveau très élevé.

Certains enfants se mettent eux-mêmes une pression même s'ils ne subissent pas celle de leurs parents. Cela s'explique bien sûr par les conséquences néfastes de l'échec scolaire (redoublement, impossibilité d'accéder à la profession envisagée). Il s'agit d'enfants ambitieux pour lesquels monter de classe en classe équivaut à grandir. La menace du redoublement est liée à celle de rester petit et dépendant. Mais, aux yeux des enfants, la principale origine de cette peur est de ne plus être aimable et donc de ne plus être aimé, des parents en particulier. C'est d'autant plus vrai que l'enfant qui manque de confiance en lui n'imagine pas pouvoir être apprécié pour d'autres qualités que ses compétences scolaires. La peur va parfois jusqu'à la crainte d'être rejeté.

> Alexandra a toujours été très bonne élève à l'école primaire et lors de ses deux premières années dans un collège élitiste. Elle faisait la fierté de son père, ancien polytechnicien dont elle était la benjamine. Ses deux sœurs aînées semblaient moins brillantes et étaient manifestement moins investies par le père. En 4e, ses notes ont commencé à baisser. L'explication se trouvait sans doute dans les remaniements pubertaires qui déboussolèrent transitoirement Alexandra. Oh, rien de catastrophique ! Une baisse de deux points en moyenne, mais le caractère absolument inhabituel de ce fléchissement suscita chez Alexandra une anxiété profonde et soutenue. Ces affres perturbèrent la mécanique intellectuelle d'Alexandra et renforcèrent la décrue de ses notes. Emportée dans le cercle vicieux des ratages qui attisent l'angoisse, laquelle entraîne l'échec, Alexandra perdit pied peu à peu et passa de la tête de sa classe en queue de peloton.
>
> Pourquoi une simple baisse de ses notes, à l'occasion de changements corporels, a-t-elle eu tant de répercussions chez Alexandra ? C'est que la motivation d'Alexandra était essentiellement de nature œdipienne. Sa réussite, imaginait-elle, était ce qui rendait possible le lien amoureux avec son père. D'autant plus que sa mère n'avait pas fait de hautes études et ne travaillait pas – et que ses sœurs réussissaient moins bien qu'elle. Son père se reconnaissait en elle, du fait de son tempérament et de sa forme d'intelligence logique, mais Alexandra

interprétait cette reconnaissance comme un choix œdipien qu'elle mettait sur le compte de sa réussite. Son lien libidinal œdipien était du registre cérébral. Elle ne pensait pas plaire à papa par sa coquetterie, mais bien par sa réflexion, à l'image d'Athéna née de la cervelle de Zeus. Alexandra se sentait en tête-à-tête avec son père quand elle étudiait et réussissait scolairement. La puberté l'a obligée à remettre en question le type de lien œdipien qu'elle avait avec lui car elle devenait quelqu'un d'autre. Pourtant, elle aurait pu retrouver un lien analogue plus facilement qu'une fillette qui aurait cherché à se lier son père par ses autres charmes. En effet, il est plus dangereux psychologiquement pour une adolescente que pour une petite fille de faire la coquette avec son père. En revanche, la complicité intellectuelle peut se poursuivre en général sans angoisse incestueuse. Cependant, déstabilisée par sa première baisse, Alexandra s'effondra violemment car elle crut perdre l'amour de son père, ce qui déclencha chez elle une angoisse disproportionnée, d'autant plus que sa mère, profitant du fait que ses filles avaient grandi, avait décidé de reprendre des études. Elle devint alors une rivale sérieuse sur le terrain de la séduction par le savoir.

C'est en éclairant Alexandra sur la mécanique inconsciente qui nourrissait son échec qu'elle put progressivement reprendre pied. Je l'aidai à remanier sa construction œdipienne dans laquelle sa mère, devenue étudiante et perçue différemment, devint un modèle possible. Alexandra apaisa peu à peu ses craintes et retrouva un bon niveau. Elle n'atteignit plus les sommets qui étaient les siens, mais sa motivation n'était plus dépendante de son lien œdipien avec son père et se trouva solidifiée pour l'avenir.

La peur de réussir

Une autre peur existe, beaucoup plus secrète généralement que la peur d'échouer. C'est la peur de réussir. Cela paraît paradoxal que l'on puisse avoir peur de réussir, pourtant, cette peur peut toucher petits et grands pour des raisons diverses. Elle est à l'origine d'un certain nombre de conduites d'échec, c'est-à-dire d'un ensemble d'attitudes qui, mises bout à bout sur la durée, conduisent l'enfant à échouer malgré la volonté apparente de réussir. Quand un enfant en bonne santé physique, intelligent, qui n'a pas de trouble des fonctions instrumentales ni de trouble psychologique ou émotionnel manifeste (humeur dépressive, anxiété, hyperactivité), qui évolue dans un environnement serein, sans perturbations externes, est en grande difficulté scolaire, il faut envisager un comportement systématique et inconscient de mise en faillite de ses désirs aboutissant à une situation d'échec en lien avec la peur de réussir. Une fois cette hypothèse envisagée, l'enquête est parfois difficile pour retrouver le ou les facteurs qui expliquent cette conduite d'échec, en raison de leur caractère inconscient. Une fois découverts, aider l'enfant à contrebalancer ces conduites d'échec est affaire de spécialiste. Enfin, il importe de repérer cela suffisamment tôt, car il est parfois difficile de rattraper le temps perdu. L'habitude d'échouer, comme nombre de mauvaises habitudes, est difficile à perdre quand bien même la source en serait tarie.

Derrière la peur de réussir, il y a la peur du changement. Quand une étiquette est posée sur un enfant, même si celle-ce est négative, ce dernier peut éprouver une crainte de la perdre. S'il s'agit d'un élève médiocre, même si ses difficultés ont tendance à s'estomper, il pourrait inconsciemment résister à cette amélioration par peur de perdre son identité. Mais la peur du changement est le plus souvent sous-tendue par d'autres craintes, comme celle de n'être plus digne d'intérêt dans le cas d'une amélioration du niveau des notes. En raison de difficultés scolaires, certains enfants bénéficient d'un temps partagé important avec un parent, habituellement la mère. Ce temps est consacré à l'accompagnement des devoirs ou à des rencontres diverses avec les professeurs, les professeurs particuliers, les rendez-vous chez l'orthophoniste ou le pédopsychiatre. L'enfant est au centre des préoccupations du ou des parents, des discussions des parents entre eux ou avec des tiers… En bref, les difficultés scolaires font office de lien entre l'enfant et son parent (mère-fils le plus souvent, mais aussi mère-fille, père-fille ou père-fils). Ces liens sont souvent nourris par la contrainte et le conflit. Des mères sont toujours sur le dos de leur enfant avec lequel les conflits portent sur le travail scolaire. De la part de l'enfant, on observe une attitude de soumission alternée avec des moments de résistance active ou passive. Pourtant, quand la mère, spontanément ou suite à des conseils, décide de ne plus être du tout sur son dos et de renoncer à l'assister pour ses devoirs, l'enfant, pour maintenir le lien et bien qu'il ne cessait de se plaindre de vouloir travailler seul, va s'effondrer scolairement. Cet effondrement va pousser la mère à rétablir à nouveau ce lien que l'on qualifie d'« anal » en psychanalyse, car il est sous-tendu par les notions d'emprise et de possession qui se mettent en place à l'occasion du stade de développement dit « anal », vers 2 ans. Ce lien est habituellement érotisé sur un plan œdipien, ce qui le rend très difficile à défaire. Dans ce cas, le détachement progressif du parent garant de la scolarité doit être très progressif et aussitôt remplacé par un lien plus informel ou portant sur d'autres domaines, tandis que l'autre parent ou un tiers prendra en charge la scolarité dans un premier temps (durant un à deux ans) avant d'obtenir une véritable autonomie de la part de l'enfant.

La peur de réussir est parfois plus consciente. Elle concerne de bons élèves de collège, le plus souvent des garçons, qui ont des résultats corrects mais qui pourraient mieux faire. Leur crainte réside dans le jugement que leurs pairs, les autres garçons de la classe, pourraient porter sur eux. Il est hors de question pour eux de passer pour des « intellos », trop sages, trop dociles, trop soumis aux attentes des enseignants, ce qui apparaîtrait comme dévalorisant car dévirilisant. Ils adoptent alors sinon une attitude hostile, du moins un désinvestissement apparent de la réussite scolaire afin de ne pas subir le rejet du groupe.

Une autre cause fréquente de la peur de réussir est la peur, plus profonde, de faire de l'ombre à quelqu'un.

C'est le cas de Léonard qui avait un frère de deux ans plus âgé. Quand Léonard, enfant précoce, dépassa d'une classe son aîné qui avait redoublé une fois, il s'effondra scolairement. En effet, il ne pouvait assumer l'idée de dépasser son frère qu'il adorait.

Dès que le père d'Emma commença à prendre au sérieux la scolarité de sa fille, c'est-à-dire au milieu du primaire, elle vit son niveau scolaire chuter progressivement. Il m'a fallu plusieurs séances pour comprendre que l'origine de cet échec se trouvait dans la mort de sa sœur aînée, décédée à l'âge de quatre semaines de mort subite deux ans avant la naissance d'Emma. Cette aînée avait été très investie et sa mort inattendue avait traumatisé les parents. Ce fut sans doute le père qui s'en remit le moins. Quand Emma est née, elle n'a jamais pu la déloger dans le cœur de cet homme meurtri. Alors que la mère avait pu faire son deuil en pleurant la mort d'Adrienne pendant deux ans, le père ne pleura pas mais Adrienne restait enkystée en lui. Elle était devenue l'enfant idéal et n'avait jamais cessé de grandir dans sa tête. C'est quand le père me dit que la scolarité commençait à devenir importante à partir du CM1 (sans doute parce que son propre père commença à s'y intéresser à cette période) que je compris qu'Emma ressentait la comparaison avec Adrienne, la morte vivante. Et qu'elle n'était pas de taille à rivaliser avec la défunte magnifiée. Adrienne aurait été forcément la plus brillante. Emma aurait pu jouer l'enfant de remplacement et s'activer, donner le meilleur d'elle-même pour essayer d'atteindre le niveau idéalisé d'Adrienne. Elle aurait pu tenter d'être Adrienne. Mais Emma n'a pas emprunté cette voie. Sans doute parce que son père ne l'avait jamais considérée comme telle, ce qui n'était pas plus mal. Une enfant de « remplacement » mène une lutte sans fin et au final dangereuse car elle éprouve le sentiment de ne jamais pouvoir satisfaire l'autre et de ne jamais pouvoir être aimée pour elle-même. Non, Emma était vraiment aimée pour elle-même par sa mère. Elle était également aimée de son père, mais elle passait si loin derrière Adrienne… Si Emma a chuté scolairement, c'était pour ne pas faire de l'ombre à Adrienne dans le cœur paternel et pour respecter ce lien d'amour, pour ne pas la déloger et l'arracher des bras de son père au risque que celui-ci ne sombre dans une dépression indispensable au deuil. C'est pourtant ce qui se produisit, car il était inévitable de briser l'illusion pour qu'Emma puisse s'épanouir. Une thérapie familiale a préparé le terrain pour une prise en charge individuelle du père qui, accompagné par un psychologue, put faire son chemin de deuil, se libérer d'Adrienne et enfin apprécier Emma à sa juste valeur.

La peur des contrôles

Parmi les diverses peurs qui peuvent faire obstacle à la réussite scolaire, la peur des contrôles, des devoirs sur table ou des examens n'est pas rare. Certains élèves connaissent bien leurs cours et peuvent les réciter parfaitement à leurs parents, réussissent bien leurs exercices dans les temps quand ils sont à la maison, mais échouent quand on les interroge en classe ou qu'ils doivent refaire le même type d'exercices dans le cadre d'un devoir sur table. Le responsable, c'est la peur d'échouer qui se traduit parfois par une véritable panique provoquant le sentiment que l'on a tout oublié. Or cette « anxiété de performance » est d'autant plus forte que le contrôle est d'importance. Paradoxalement elle touche plus souvent les bons élèves qui du coup apparaissent beaucoup moins bons en termes de résultats, car les plus anxieux de réussir sont ceux qui investissent le plus leur performance scolaire. Elle renvoie à la difficulté d'être confronté au jugement d'autrui.

Pour les aider, il convient de ne pas ajouter de pression en limitant le niveau d'exigence parentale en termes de réussite scolaire. Pour le reste, aider son enfant à ne plus paniquer aux examens relève d'un véritable coaching avec des pratiques différenciées pendant et en dehors des épreuves.

Pendant l'épreuve, l'enfant devra repérer, comme vous le lui aurez enseigné auparavant à la maison, tous les signes physiques de son anxiété : le cœur qui bat très vite, les mains qui tremblent, la sensation de chaleur, la bouche sèche, la sensation de vertige, la nuque raide, la boule au ventre, l'envie d'uriner, auxquels s'ajoute la sensation de ne plus rien savoir. En se concentrant sur chacune de ces sensations, il pourra prendre du recul sur l'anxiété généralisée qui envahit tout son être en lui attribuant un caractère concret et en en faisant une affaire de corps, et non plus d'esprit. La prochaine étape sera pour lui de considérer son corps comme souffrant. Une fois que le problème est déplacé sur le corps, il est devenu circonscrit. La peur de l'inconnu disparaît. Le mental de l'enfant peut alors se détacher du corps pour se concentrer sur la tâche à accomplir, corps malade ou pas.

D'autre part, l'enfant pourra mettre en application quelques exercices de relaxation : le premier consiste à se concentrer pendant quelques minutes avant l'épreuve (en s'isolant dans les toilettes par exemple) et lors de l'épreuve si la panique le gagne, sur sa respiration ventrale en pensant uniquement à l'air qui entre et qui sort lors de 10 inspirations, en veillant à bien expirer à fond. Un autre « truc » : quand la mémoire est paralysée par le trac durant l'épreuve, se remémorer un fait identifié au préalable comme étant l'un de ses meilleurs souvenirs, apportant systématiquement détente ou sourire. On a tous dans notre armoire à provisions mentale des souvenirs qui déclenchent systématiquement une décharge émotionnelle positive. Il faut revivre aussi intensément que possible cette expérience passée, les images, les sons, voire les odeurs, les sensations physiques et les ressentis internes. Ce stimulus permettra de modifier l'état de stress et aidera à redynamiser le fonctionnement intellectuel paralysé par les émotions négatives, à remettre le train de la mémoire sur les rails. Invitez votre enfant à préparer à l'avance un certain nombre de souvenirs-ressources qui lui serviront d'ancre en cas de tempête de stress.

En dehors des temps d'épreuves, incitez-le à reproduire par temps calme et à la maison des sensations de panique en repensant à diverses situations stressantes. Il verra alors qu'il ne risque rien et que les sensations de vertige ou d'étouffement ne sont que des sensations véhiculées par l'anxiété mais sans danger réel. Halte au catastrophisme ! Il faut aider l'enfant à modifier ce mode de pensée qui l'empêche d'évaluer de façon pertinente ses expériences en tombant dans le catastrophisme, imaginant qu'un échec à cette épreuve aura des conséquences gravissimes. Proposez-lui d'aller jusqu'au bout de son raisonnement de terreur en cas d'échec à cette épreuve. On lui dira par exemple : « Si tu as zéro, que risques-tu ? Et admettons que tu rates totalement ton prochain devoir », et ainsi de suite jusqu'au redoublement, au triplement, à l'incapacité absolue de faire des études, d'avoir un métier, de quitter ses parents. Il verra toute l'absurdité de sa peur panique. Vous comprendrez alors que derrière cette panique d'échouer, il y a sans doute la peur de grandir et de ne pas être capable plus tard d'être autonome en tant qu'adulte. C'est l'occasion de le rassurer sur l'avenir en lui disant qu'au même âge vous n'étiez pas plus en avance que lui, ou que vous connaissez des adultes qui se débrouillent très bien sans avoir eu, loin s'en faut, des qualités similaires aux siennes. Souvent, en effet, ces enfants ont une vision trop manichéenne : je suis le meilleur ou je suis le plus nul. Portant, le monde n''est jamais tout noir ou tout blanc, mais souvent gris. Enseignez-lui que la vie ne se résume pas à une réussite ou à un échec.

La prise de parole en public

Une autre peur qui handicape certains élèves, qu'ils soient bons ou non à l'écrit, est la difficulté de prendre la parole en public, que ce soit pour réciter une leçon ou faire un exposé. Cela ne concerne pas seulement les enfants timides. En tant que parent, vous pouvez l'aidez. D'autant plus que parler en public peut s'apprendre très jeune.

Conseils pour apprendre à parler en public

1 Assurez-vous que votre enfant connaisse bien sa leçon ou le contenu de son exposé.

2 Entraînez-le à dire, à réciter ou à lire son texte devant un miroir, voire en se faisant filmer.

3 Invitez-le à prévoir les éventuelles questions qui seront posées.

4 Proposez-lui de s'imaginer en situation.

5 Conseillez-lui de prendre appui sur un matériel qui peut le rassurer. Un affichage vidéo ou diapo permet de ne pas avoir les regards braqués sur soi et même de se placer au fond de la classe.

6 En cas de trac, invitez votre enfant à confier qu'il est impressionné sans pour autant s'excuser sans cesse d'éventuels défauts ou erreurs, afin de ne pas attirer inutilement l'attention du public sur ces manquements supposés.

7 En cas de trou de mémoire ou de crise de panique, invitez-le à se déplacer dans la classe, à boire un verre d'eau prévu à cet effet ou à demander au public de poser des questions (ce qui en général lui offrira un laps de temps pour se remettre et détournera les regards sur le reste de la classe).

8 Proposez-lui des activités qui favorisent la prise de conscience de son image et un travail sur l'expression (mime, danse, chant).

9 En cas de timidité, aidez-le à prendre conscience et à corriger les conséquences de sa timidité sur son allure physique : voix peu audible, yeux baissés, tête rentrée dans les épaules, épaules voûtées.

10 Dans la vie de tous les jours, n'hésitez pas à lui demander son avis, à l'inciter à dire ce qu'il pense sans porter de jugement sur ce qu'il dit.

Quand les fausses croyances, les étiquettes négatives et les diverses peurs sont levées, on peut dès lors, si besoin, aider l'enfant à se concentrer sur ses objectifs scolaires.

AIDEZ VOTRE ENFANT À SE CONCENTRER

Pour un enfant, la difficulté à se concentrer sur une tâche provient schématiquement de deux processus. Soit il est trop attentif aux éléments externes, ce que l'on observe à l'extrême chez les enfants hyperactifs ; soit l'enfant est trop attentif aux éléments internes, à ses pensées, à ses émotions, à ses ressentis divers, physiques et psychologiques, pour se concentrer sur une tâche. Bien sûr, avant de traiter l'une de ces deux causes de difficultés de concentration, il faut s'assurer que les besoins fondamentaux de l'enfant sont respectés (sommeil, santé physique, affection parentale, temps informel passé avec les parents, enseignement des règles de vie, activités physiques, stimulation intellectuelle suffisante) et que l'enfant n'est pas exposé à un environnement toxique (conflits parentaux, troubles des interactions avec un membre de la famille, maladie d'un parent, deuil...) ou encore victime de troubles psychoaffectifs (anxiété, dépression).

Pour ce qui est des difficultés de concentration liées à une attention excessive aux éléments externes, nous renvoyons dans ce livre au chapitre consacré à l'hyperactivité.

Afin d'aider votre enfant à pallier ses difficultés de concentration, vous devez l'inviter à ne plus se mettre au centre de son attention quand il doit se concentrer sur une tâche et en particulier sur un travail scolaire, cours, leçons à apprendre ou devoir à faire. Il s'agit de l'aider à se détacher de lui-même et à focaliser son attention sur ce qu'il doit faire ou sur ce que l'enseignant dit. Faites avec lui différents exercices présentés comme des jeux, à chaque fois de courte durée, où il s'entraînera à se concentrer sur ce que vous lui dites de faire.

Exercices d'entraînement à la concentration

1 Mettez-vous dos à dos avec votre enfant et racontez-lui une histoire pendant deux minutes. Demandez-lui ensuite de la résumer. Puis refaites cet exercice en le regardant dans les yeux.

2 Cette fois, c'est lui qui doit vous raconter une histoire pendant deux minutes en se concentrant bien sur ce qu'il dit afin d'être le plus précis possible.

3 À l'occasion d'une promenade en forêt, invitez-le à relever tous les types de formes vivantes, animales ou végétales qu'il rencontre.

4 Produisez différents bruits et demandez-lui à quoi chacun correspond.

5 Choisissez un concept, par exemple le concept de « table », et demandez-lui d'y associer un maximum de mots tels que « assiette », « multiplications », « travail », « langer »...

6 Accordez à votre enfant une minute pour observer un ensemble d'objets. Puis, à son insu, ôtez-en certains. Faites-lui deviner lesquels.

7 Jouez avec lui au fameux jeu des sept erreurs qui consiste à comparer deux dessins en apparence similaires mais différents sur sept points à retrouver.

8 Une série d'images raconte une histoire que l'enfant devra retrouver en les mettant dans l'ordre.

9 Les yeux bandés, votre enfant doit reconnaître au toucher un certain nombre d'objets pris en mains.

Avant tout travail, que ce soit durant le petit déjeuner avant d'aller à l'école, à l'heure du déjeuner s'il rentre au domicile, ou le soir avant de se mettre aux devoirs, accordez-lui 10 minutes de grand déballage, durant lequelles il vous dira tout ce qui lui passe par la tête : petits soucis de la nuit, de la journée, petites joies comme gros tracas et grands bonheurs. Ce temps d'écoute flottante ou non se fera sans jugement et permettra à l'enfant de se déverser émotionnellement afin d'être plus attentif aux éléments qui lui sont externes.Pendant le temps des devoirs, proposez-lui de se concentrer très fort pendant 3 minutes puis de faire une pause de 3 minutes et ainsi de suite.

En classe, on lui conseillera de se mettre au premier rang et de lever la main le plus souvent possible. On lui aura appris à repérer quand ses pensées se dirigent vers lui-même et on lui conseillera de les chasser en les reportant à midi ou à la récréation. Une astuce consiste à répéter dans sa tête ce que l'enseignant énonce en se fixant sur sa voix ou sur ses lèvres si l'enfant est plus visuel qu'auditif.

L'apprentissage est une question de concentration, mais aussi de remémoration.

LA MÉMOIRE EST UNE AFFAIRE DE CŒUR

La mémoire est aux ordres du cœur. La difficulté de retenir certaines informations peut être interprétée comme un moyen pour l'esprit d'éviter d'être confronté à des savoirs ou à des pensées angoissantes.

Le fait que l'on se souvienne si peu des premières années de notre enfance s'explique par l'intensité des désirs œdipiens ressentis lors de cette période et que l'on a refoulés. Les souvenirs sont chargés d'émotions et le refoulement d'émois gênants pour notre conscience morale entraîne l'effacement des souvenirs imprégnés par eux. Heureusement, ils n'ont pas complètement disparu du disque dur de notre mémoire et certaines techniques, comme l'hypnose, permettent de les retrouver. Nous verrons dans le chapitre consacré aux mécanismes affectifs utilisés par le psychisme pour se protéger des diverses sources d'angoisses (internes ou externes) comment ils affectent les mécanismes cognitifs et la mémoire en particulier. Nous avons tous fait l'expérience de ne plus nous souvenir de quelque chose d'évident pour nous dans un moment de forte émotion. À l'inverse, on se souvient de tous les détails de sa première rencontre avec la femme ou l'homme de sa vie.

Le savoir est rarement neutre pour l'enfant et les liens affectifs permanents, la symbolique de ces différentes acquisitions, comme celle, plus vaste, d'acquérir des savoirs, la dimension imaginaire que chaque enfant y apporte, font que les facteurs émotionnels influencent grandement la rétention mnésique. D'ailleurs, sur un plan neurologique, les zones de la mémoire et celles des émotions sont en interaction permanente. Assurer l'équilibre émotionnel de son enfant, repérer et prendre en charge les facteurs d'anxiété qui pourraient, de près ou de loin, être en lien avec certains apprentissages, décoder le sens émotionnel caché derrière chaque difficulté à retenir une leçon pourtant bien apprise font partie des démarches à adopter face à des problèmes de rétention mnésique chez l'enfant.

Il existe plusieurs types de mémoires parmi lesquelles la mémoire à court terme, la mémoire à long terme et la mémoire de travail. La mémoire à court terme stocke les informations captées dans l'hippocampe. Puis, si l'information mérite d'être conservée ou si elle est autorisée à l'être sur le plan émotionnel, elle passera dans le télencéphale qui l'enregistrera pour du long terme (cela correspond à la touche « enregistrer » de l'ordinateur). Les influx nerveux liés à l'information sont stockés sous la forme de milliers de connexions renforcées entre neurones en plusieurs zones (zones visuelles, zones olfactives, zones auditives…). Ainsi, un souvenir fait appel à différentes zones cérébrales. La mémoire à long terme comprend la mémoire implicite (celle qui permet de retrouver ses réflexes au ski bien que l'on n'ait pas skié depuis trois ans) et la mémoire explicite qui conserve les souvenirs proprement dit. La mémoire explicite recouvre la mémoire épisodique (nos souvenirs de vacances) et la mémoire sémantique (les connaissances scolaires). Ainsi, les facteurs émotionnels peuvent interférer avec certains types de mémoires plutôt que d'autres.

Bien sûr, des facteurs autres qu'émotionnels existent. Un bilan physique comportant un examen neurologique est utile pour éliminer une cause médicale. Mais la principale cause de troubles de la mémoire est le manque de sommeil. À l'importance d'un sommeil réparateur pour développer la mémoire s'ajoute celle d'une alimentation saine et diversifiée.

Des exercices pour développer ou entretenir la mémoire existent et peuvent être un complément pour réinvestir cet outil fondamental des apprentissages. De plus en plus d'ouvrages de jeux d'entraînement cérébral ou de logiciels de jeux dits « éducatifs » sont proposés dans les magasins spécialisés. Il faut aussi savoir que la plupart des jeux de société font appel à la mémoire. Dans le domaine scolaire, on redécouvre heureusement depuis peu les vertus de l'apprentissage « par cœur ». Il est vrai qu'apprendre par cœur permet d'entretenir la mémoire et de créer des automatismes, car ces apprentissages sont moins parasités par l'émotionnel. Les moyens mnémotechniques tombés un peu en désuétude ont aussi du bon (« mais ou et donc or ni car »). N'hésitez pas à inviter votre enfant à se remémorer ce qu'il a vu, lu ou entendu les jours qui précèdent, mais également les années précédentes.

ADAPTER L'ENSEIGNEMENT À LA PERSONNALITÉ DE L'ENFANT

Le caractère collectif de l'enseignement a du bon, et pas seulement en termes économiques pour la société. Les enfants se motivent mutuellement pour apprendre et progresser et les mécanismes d'imitation ou d'identification sont souvent bénéfiques pour « booster» les acquisitions individuelles. Cependant, un enseignement collectif ne doit pas empêcher, quand c'est possible, de privilégier le mode d'apprentissage le plus adapté à tel ou tel enfant. En effet, selon leur personnalité, leur « construction » cognitive et affective, les enfants ont un rapport différencié avec les apprentissages. Voici quelques exemples selon que l'enfant est auditif ou visuel, pointilleux ou bille en tête, ou exerce son jugement par voie interne ou externe.

On n'apprend pas tous par les mêmes voies. Ainsi, parmi d'autres modes, on distingue deux grandes catégories : ceux qui privilégient le système visuel et ceux qui privilégient le système auditif. Pour étudier, les premiers tireront un meilleur profit des images, des schémas, des tracés et de l'écrit. Il importe qu'ils soient installés en classe face au tableau. Le groupe des auditifs a besoin d'entendre le contenu pour bien apprendre. Ce sont les plus pénalisés quand il y a du brouhaha en classe. Ils tireront partie des explications orales que l'on pourra leur donner et on leur conseillera de lire à voix haute quand ils apprennent leurs cours. On a déjà parlé des enfants kinesthésiques dont on tolérera en classe et au domicile qu'ils ne restent pas en place. Ce sont les enfants qui profiteront le plus des exercices pratiques pour intégrer un savoir. Cela explique qu'ils soient généralement bons en technologie et en physique-chimie, car l'enseignement transmis fait souvent suite à une expérience à laquelle ils participent et qui mobilise leur gestuelle. Ils retiendront d'autant mieux une leçon qu'ils devront la réciter, un texte qu'ils devront le jouer. Ces enfants doivent aller autant que possible au tableau.

La concentration des enfants dépend aussi de leur personnalité. À titre d'exemple, on peut différencier deux catégories qui s'opposent et que l'on pourrait qualifier de pointilleux et de bille en tête. Les pointilleux sont ces enfants qui, confrontés à un travail, une rédaction, un commentaire de texte ou un problème à résoudre, vont entrer dans les détails et ne pas en sortir. Ils ne parviennent pas à acquérir une vue d'ensemble quand ils débutent un travail. À l'inverse, les « bille en tête» ont rapidement une vue d'ensemble, parfois erronée, et partent sans réfléchir, sans étudier les différentes étapes nécessaires pour atteindre leur objectif ; ils ne tournent pas sept fois la langue dans leur bouche avant de parler. En mathématiques par exemple, si leur niveau intellectuel est correct, ils pourront trouver le bon résultat, mais ils auront souvent une mauvaise note car ils n'auront pas écrit la démonstration attendue. En français, leurs réponses apparaîtront pertinentes sur le plan des idées, mais leur présentation sera trop sommaire. Surtout, ils risquent en permanence d'être hors-sujet. On aidera les « bille en tête» en les astreignant à se mettre à la place d'un formateur qui doit expliquer à un plus jeune son cheminement. On leur posera questions sur questions pour les aider à fractionner leur travail. Pour les pointilleux, on les entraînera à résumer un texte en deux phrases ou à faire un travail en un temps très court. Dans la vie de tous les jours, on les poussera à classer les différents objectifs de la journée selon leur priorité, à établir des listes par ordre d'importance et à faire des choix entre plusieurs propositions de loisirs ou d'autres activités.

Quand nous finalisons un travail, chacun d'entre nous le juge par des voies internes et des voies externes. La voie interne correspond à notre propre jugement. La voie externe correspond aux jugements d'autrui, et prioritairement au jugement des personnes supposées détenir le savoir (nos supérieurs hiérarchiques qui nous ont confié ce travail, par exemple). Le point d'équilibre se situe entre ces deux voies. Les enfants ont majoritairement un cadre de référence externe, associant le jugement des parents et des professeurs. Mais à mesure que l'enfant grandit, qu'il devient mature, il intègre les jugements de ses référents adultes pour pouvoir s'auto-évaluer. Chez l'enfant, le développement du versant interne est important car, sur le plan scolaire, il lui permet de prendre des initiatives et d'avancer de façon autonome quand il a un objectif de travail. Pour cela, il convient de développer sa confiance en lui et surtout son autonomie en différents domaines, pas seulement sur le plan scolaire.

Certains enfants sont plutôt orientés vers la voie interne. Ce sont les enfants qui n'en font qu'à leur tête, qui disent « je sais, je sais » et qui refusent d'être aidés. Ils veulent faire les choses à leur manière,et fixer leurs propres normes. Ce manque de souplesse pénalise leur apprentissage. Cela va souvent de pair avec un esprit frondeur à la maison. Ce sont des enfants auxquels il convient d'enseigner plus clairement les limites sans présenter l'autorité comme un rapport de force du plus grand vis-à-vis du plus petit. Cette autorité doit bien leur apparaître comme un ensemble de règles et de lois qui s'appliquent à tous, avec la notion de minorité qui impose que, jusqu'à 18 ans, les enfants doivent obéissance à leurs parents. Il convient également de leur faire entendre les règles œdipiennes, car ce sont des enfants qui se prennent volontiers pour le « petit mari » ou la « petite femme » du parent dominant.

D'ailleurs, nous allons le voir, la construction psychologique et affective de chaque enfant influera de manière conséquente sur son intelligence, ses capacités d'apprentissage et son désir d'apprendre.

5

L'INTELLIGENCE : UNE QUESTION D'ÉMOTION

Le désir d'apprendre, comme la capacité à réaliser ce désir, est intimement lié à la construction affective propre à chaque enfant. Cette construction qui se met en place peu à peu à partir de la naissance est pour une bonne part sous-tendue par les modalités de réponses du psychisme de chacun pour se protéger des diverses sources d'angoisse.

LES MÉCANISMES AFFECTIFS PERSONNELS QUI INFLUENCENT L'APPRENTISSAGE

« Même l'intelligence ne fonctionne pleinement que sous l'impulsion du désir », écrivait Paul Claudel, dans *Positions et Propositions*. Pour une large part, l'apprentissage scolaire est également une question d'émotions et de mécanismes affectifs conscients ou inconscients.

····➤ Depuis toujours, Gilles, fort en toutes matières, était un vrai cancre en grammaire et en orthographe, malgré le temps que son père, professeur de lettres et romancier, consacrait à l'aider. Malgré ou à cause, puisque les entretiens psychothérapiques ont rapidement mis en évidence la volonté inconsciente chez Gilles de s'opposer à son père sur le terrain de ce dernier. Volonté inconsciente pétrie de sentiments œdipiens dans la mesure où Gilles, enfant très docile et très attaché à sa mère, faisait payer son obéissance par un refus de se soumettre aux règles de grammaire et d'orthographe, succédanés à ses yeux des règles paternelles. ⮜····

····➤ C'est aussi le cas de Bénédicte qui, l'année de la séparation de ses parents, continua d'avoir de bons résultats scolaires mais bloqua totalement sur la compréhension des divisions, à l'étonnement de sa professeure, jusqu'à ce qu'elle put être rassurée sur les conséquences de sa « division » familiale. ⮜····

L'angoisse fait partie de la condition humaine. Elle apparaît dès que l'enfant paraît, et même peut-être avant. Elle est provoquée par des facteurs de stress externes. Mais elle est aussi générée par des facteurs psychologiques internes. En effet, au cours du développement physique, intellectuel et affectif, des conflits psychologiques internes se produisent en continu et, s'ils ne se résolvent pas, peuvent être sources d'angoisse. Ces conflits sont propres à chacun, mais la plupart d'entre eux sont communs à tous les humains.

Il peut s'agir d'angoisse de la séparation, que l'enfant perçoit très précocement, d'angoisse liée à la jalousie, ou encore d'angoisse liée à la prise de conscience de la mort. L'angoisse peut aussi être produite par l'ensemble des pulsions qui occupent le champ affectif psychique, et notamment les pulsions de natures sexuelles ou agressives. Ces pulsions sont potentiellement génératrices d'angoisse de par leur intensité et surtout parce que leurs exigences de satisfaction entrent en conflit avec l'éducation qui les réprime, c'est-à-dire avec les interdits parentaux ou sociaux. L'angoisse est aussi provoquée par les conflits internes dans le psychisme de l'enfant ou de l'adolescent, entre les principes de plaisir et les principes de réalité. L'enfant intègre progressivement ces derniers qui viennent mettre des limites à ses rêves de toute-puissance ou de plaisir à tout crin.

Pour dissiper l'angoisse produite, le psychisme met en place des mécanismes de défense. Ce sont des opérations mentales pour réduire ou supprimer les sources de stress. Ces mécanismes sont inconscients, comme restent inconscients les pulsions, les conflits ou les angoisses qui en sont à l'origine. Ils vont se traduire extérieurement par des sentiments, des discours, des comportements, des façons d'être qui sont involontaires. Ils peuvent être transitoires ou s'établir dans la durée. Installés de façon permanente, ils vont alors, par leurs manifestations extérieures (discours, sentiments, mode de pensée, comportements), participer à la définition du caractère de l'individu.

Ces mécanismes de défense face aux angoisses vont agir suivant divers procédés : rendre inaccessible à la conscience un des éléments du conflit interne ou la source de l'angoisse par exemple, ou dissimuler une pulsion gênante en l'isolant dans le psychisme ou en la détournant de son but.

À mesure que le jeune enfant grandit, ses pulsions sexuelles ou agressives deviennent moins visibles dans ses dessins, ses modelages et dans ses comportements. Il se réglemente. À 6 ou 7 ans, il entre en période de latence. Ce qui est latent n'est pas apparent. Mais les pulsions n'ont pas disparu pour autant. Elles sont dérivées pour certaines, mais d'autres sont simplement mises sous clé jusqu'à l'efflorescence pubertaire. Elles vont alors se libérer à cette occasion, jusqu'à ce qu'un nouvel ordonnancement se mette en place avec à nouveau la mise en jeu de ces différents mécanismes. Mais entre 6 et 11 ans, c'est la période de latence, « l'âge de raison » comme la nomme le pédopsychiatre Gilles-Marie Valet[8], car la raison arrai-

8. Gilles-Marie Valet, *l'Âge de raison*, Larousse, 2007.

sonne alors les pulsions. Le psychisme de l'enfant entre dans les ordres pour plusieurs années. Cette période de la vie est celle où l'individu est le plus apte aux apprentissages de toutes sortes grâce à une mise en veille des pulsions. Malheureusement, il arrive que cette «mise en latence» se fasse mal en raison d'un environnement éducatif ou affectif perturbé, ou bien qu'elle soit interrompue par des événements tels que des conflits parentaux majeurs, qui vont être sources de stress externe et réveiller des conflits internes dépassant les mécanismes de défense mis en place.

Ces mécanismes, en jugulant l'angoisse, rendent le psychisme plus disponible aux apprentissages. Cependant, quand ils sont trop intenses, ils deviennent gênants (à l'image d'une armure trop lourde qui protège mais qui handicape la marche). Ce qui accroît leur intensité, c'est la puissance des pulsions, des conflits ou des angoisses, mais aussi l'utilisation d'un nombre trop limité de mécanismes de défense. Plus on en utilise, moins chaque mécanisme a besoin d'être intense. En revanche, se servir d'un nombre restreint de mécanismes affectifs de protection nécessite de les utiliser de façon soutenue. L'utilisation plurielle ou non de ces mécanismes résulte sans doute d'une question d'identification : plus l'entourage de l'enfant est diversifié, plus les parents eux-mêmes ont une personnalité riche, plus l'enfant aura de modèles de mécanismes de défense affectifs. Mais il est aussi possible que ce soient des facteurs génétiques qui feront qu'il utilisera tel mécanisme plutôt qu'un autre.

Quoi qu'il en soit, ces mécanismes de défense jouent un rôle important dans la personnalité future de l'enfant. De fait, ils vont exercer une influence majeure dans ses performances intellectuelles, et, plus globalement, dans ses performances scolaires.

C'est pourquoi, face à des difficultés scolaires persistantes, une analyse de la personnalité de l'enfant et des mécanismes de défense psychologiques utilisés s'avère indispensable afin de prendre en charge par la méthode psychanalytique les obstacles affectifs à sa réussite.

Voici quelques-uns des ces mécanismes affectifs en jeu.

Sublimer

La sublimation est la stratégie reine. Elle consiste à dériver l'énergie d'une pulsion, qu'elle soit de nature sexuelle ou agressive (par exemple un désir inconscient vis-à-vis du père, ou bien des sentiments hostiles et jaloux vis-à-vis de la mère), vers des activités valorisées socialement (artistiques, ludiques, sportives, intellectuelles, morales). La pulsion se détourne alors de son objet et de son but (érotique ou agressif) primitif. Un enfant attaché amoureusement à son père pourra sublimer ses désirs amoureux et sexuels en détournant ses pulsions vers des apprentissages divers. Ainsi, il pourra toujours chercher à plaire à son père et s'inscrire en rivalité avec sa mère dans le champ du savoir.

Si le psychisme était une maison et si les pulsions ou représentations mentales étaient du mobilier ou des aménagements, ces derniers ne seraient pas mis hors de la maison, mais seraient transformés pour être plus confortables. C'est bien entendu le mécanisme de défense qui doit être favorisé, puisqu'il est garant d'une bonne intégration sociale et d'une bonne réussite scolaire. La plupart d'entre nous l'utilisent à des degrés divers.

> Matéo a été un bébé, puis un petit enfant mordeur, au point que ses parents, inquiets, m'ont consulté. Julia, 3 ans et demi, avait quant à elle des angoisses de dévoration. Elles se traduisaient dans ses rêves par des monstres de toutes sortes qui voulaient ne faire d'elle qu'une bouchée. Je les ai rapidement guéris tous les deux. La psychothérapie accompagna la sublimation de ces pulsions de dévoration. J'eus de leurs nouvelles alors qu'ils étaient à l'école primaire. Je ne fus guère surpris d'apprendre qu'ils étaient tous deux d'ardents lecteurs, qu'ils « dévoraient » tous les livres que leurs parents se faisaient une joie de leur confier.

Refouler

Le refoulement, c'est le rejet dans l'inconscient de représentations mentales sources de conflits internes ou de stress, de telle sorte que ces désirs, ces pensées, ces pulsions, ces angoisses restent inaccessibles à la prise de conscience. Comment les retrouve-t-on alors ? En les cherchant dans les lapsus, les actes manqués, les rêves et les cauchemars pour qui sait les interpréter, dans les jeux imaginaires ou dans certaines productions artistiques. Le refoulement est comme une digue qui contient le fleuve pulsionnel quand la sublimation serait la dérivation en canaux multiples de ce même fleuve.

Encore une fois, si notre psychisme était une maison, l'inconscient en serait la cave dans laquelle on mettrait sous clé le mobilier indésirable et divers objets dangereux ou inutilisables afin de rendre l'espace habité (l'espace conscient) confortable. Le retour du refoulé correspond à un objet remonté accidentellement et transitoirement dans le logis. Ce stockage, dans la partie non consciente du psychisme, des représentations ou des pulsions susceptibles de générer de l'angoisse, se fait au prix d'une certaine dépense d'énergie. C'est pourquoi, à l'occasion par exemple d'une fatigue morale prolongée (en lien avec une pression scolaire trop importante ou des événements de vie stressants), le refoulement devient moins opérant et l'angoisse remonte à la surface.

Ce refoulement est bien utile pour les apprentissages scolaires car il libère de la place pour les acquisitions et crée un climat psychique serein. Mais il ne faut pas qu'il soit trop global, brutal et rigide, car cela gênerait la créativité qui se nourrit aussi des pulsions de toutes sortes et notamment sexuelles. Un juste équilibre entre le refoulement et les autres mécanismes (dont la sublimation) qui permettent le maintien de la créativité est donc souhaitable : ni complaisance, ni censure absolue.

····› Icham est en CE1 après avoir redoublé son CP, mais il n'est toujours pas entré dans les apprentissages. Un test fait sur proposition de la psychologue scolaire a révélé un QI très bas. La question se pose de l'orienter vers un établissement médico-éducatif. Je le reçois à cette occasion. L'ensemble du développement est normal. Sur le plan neurologique, il n'y a aucune anomalie. Mais Icham semble bloqué dans ses apprentissages scolaires depuis la moyenne section de maternelle. Les tests psychométriques confirment l'impression des entretiens. Icham refoule toute curiosité, ce qui rend évidemment difficiles les apprentissages. En fait, tout se passe comme si la moindre curiosité était menaçante. Il s'agit autant de la curiosité pour les « choses de la vie » que pour la connaissance de tout ce qui peut s'enseigner à l'école ou ailleurs. Ce désir d'apprendre correspond, selon les théories psychanalytiques, aux pulsions épistémophiliques. En petite section de maternelle, les livrets scolaires détaillés ne montraient aucune singularité.

En fait, on a pu comprendre que le début de son décrochage scolaire correspondait à un accident de voiture dont sa mère avait été victime alors qu'elle conduisait, Icham étant à l'arrière. Il y eut plus de peur que de mal : la mère et l'enfant ont simplement été gardés 24 heures pour observation sans qu'aucune lésion ne soit constatée. Mais, manifestement, cet accident a été interprété dangereusement par le psychisme d'Icham. Le contexte y était pour beaucoup : la mère d'Icham rentrait d'une semaine de vacances passée avec son fils en l'absence du père qui avait dû rester en région parisienne pour travailler. Or, pour Icham, en pleine période œdipienne, cette semaine au bord de la mer, durant laquelle mère et fils dormaient dans le même lit, avait valeur de lune de miel. L'accident a sans doute été interprété comme la punition de ses pulsions œdipiennes. Icham a alors verrouillé toutes pulsions de désirs, sans faire dans le détail, verrouillant la curiosité sexuelle comme toute autre curiosité. On pourrait parler de « refoulement massif post-traumatique ». Il est dommage que la prise en charge n'ait pas été plus précoce, mais la psychothérapie a permis de lever progressivement ce refoulement, et a donné la possibilité à Icham de rattraper une partie de son retard.

Régresser

La régression, c'est le retour à un stade antérieur. En tant qu'adulte, on a le sentiment de régresser quand on se laisse aller aux plaisirs d'enfance. C'est reposant. Et c'est bien le principe de la régression : économiser de l'énergie psychique, se reposer les méninges. À une pression excessive consécutive aux stress (externes ou internes), le psychisme de l'enfant revient à un stade antérieur du développement, pour une période transitoire ou de façon plus prolongée.

Les parents l'observent volontiers à l'occasion de la naissance d'un deuxième enfant. L'aîné(e) de 3 ou 4 ans se remet à faire pipi au lit, à parler moins bien, à demander davantage de câlins, à refaire des cauchemars ou à réclamer le biberon. Cela a bien sûr des incidences sur les apprentissages puisque intellectuellement l'enfant baisse de niveau. De la même façon qu'il perd sa capacité à retenir son pipi la nuit, il perd les acquis scolaires qu'il avait obtenus. Cet état est réversible, heureusement, mais le problème se pose quand la régression s'inscrit dans la durée.

Yolanda a 8 ans. Elle est intelligente. Elle comprend tout quand, à la maison, elle révise ses leçons et fait ses devoirs avec sa mère. Mais sitôt en classe, elle oublie tout, sans être pour autant angoissée par les enseignants ou les élèves. Yolanda est restée affectivement à l'âge de la toute petite enfance dans un lien d'hyper-dépendance à sa mère. Cette régression permanente en classe est nourrie par des angoisses de séparation et par l'impossibilité de s'émanciper de sa mère sur le plan œdipien. La psychothérapie s'est employée à l'accompagner dans cette nécessaire émancipation, génératrice d'angoisse, afin de lever la régression qui l'empêchait d'apprendre tout en développant d'autres mécanismes de défense.

Isoler

L'isolation consiste à ne pas chasser la représentation mentale source d'angoisse. Elle reste présente, elle peut même être envahissante. Mais rien n'est éprouvé au niveau conscient en relation avec elle. C'est le cas de personnes endeuillées qui s'étonnent de ne ressentir aucun chagrin. Anny Duperey écrit dans *le Voile noir* (1992) à propos du décès de ses parents quand elle était enfant : « Je n'en parlais jamais, mais si l'on venait à m'interroger sur ce sujet, je déclarais froidement qu'ils étaient morts, oui et après ? Et que je n'en souffrais pas du tout. »

Pour rester dans la métaphore de la maison, en guise de psychisme, les objets dérangeants s'y trouvent toujours mais dans une pièce hermétiquement fermée. Ils ne sont plus dérangeants, mais au prix d'une amputation de l'espace fonctionnel du psychisme. La performance scolaire dépend donc du degré d'envahissement par ce mécanisme. Un cagibi ou un placard à balais isolés sont bien pratiques. Mais si les pièces isolées sont nombreuses ou importantes en taille car les représentations isolées sont de taille, l'espace vital se réduit. Plus cet espace est limité, moins l'enfant est à l'aise, moins son esprit est ouvert et accueillant aux apprentissages. Cependant, isoler certains émois peut rendre le cerveau plus disponible aux apprentissages, en particulier aux apprentissages et aux réflexions qui mettent le moins en branle les aspects affectifs comme les mathématiques, la physique, la chimie, les sciences de la terre, dans lesquels l'enfant se montrera parfois très performant. Sauf si certains liens affectifs existent.

Paul était bon dans toutes les matières sauf en maths. Il semblait s'en moquer, mais cela mettait en rage son père qui, féru de maths, ne comprenait pas que son fils puisse être si mauvais dans cette matière. Or, c'est justement parce que son fils, de façon totalement inconsciente, se soumettait complètement à son père pour éviter toute confrontation de type œdipienne, qu'il échouait dans cette matière. Alors que son père se persuadait que Paul voulait l'embêter et le lui reprochait, la réalité psychique démontrait tout le contraire. Et plus le père se fâchait, plus le fils se soumettait en devenant « bête » en maths.

En revanche, certaines matières réveillent plus facilement les émotions, comme les matières littéraires ou les sciences de la vie. On met plus de son « soi » quand on écrit une dissertation que lorsqu'on résout un problème d'algèbre. Isolé, l'enfant en échec sait qu'il échoue. Il en a conscience, mais tout glisse sur lui et il n'en ressent aucune souffrance, il est comme insensible. Ce n'est pas facile à traiter en psychanalyse isolément, car l'enfant en échec ne se plaint d'aucun mal-être. L'hypnose est dans ce cas une technique complémentaire intéressante, car elle aide à mobiliser l'isolation. En dernier recours, en cas d'échec important ayant des conséquences sur le moral de l'adolescent par isolation massive et envahissante, les médicaments qui augmentent le taux de sérotonine – l'un d'eux est autorisé chez l'enfant en France – enlèvent le ressenti de stress interne et, de fait, lèvent l'isolation devenue inutile (comme si l'on ouvrait une porte blindée dans la maison du psychisme).

Se mettre en retrait

C'est le plus souvent à l'adolescence qu'on décrit ce mécanisme de défense affectif. L'adolescent, qui était jusqu'alors un enfant ouvert, se met à restreindre ses activités extérieures, sociales et/ou scolaires. Il arrête le sport ou la pratique musicale auxquels il s'adonnait petit (au grand dam de ses parents !), pour ne les remplacer par rien si ce n'est éventuellement par des jeux vidéo. Il contacte moins ses amis et ne s'intéresse plus aux matières scolaires dans lesquelles il était bon jusqu'alors – sans pour autant en investir de nouvelles. Il ne prend pas d'initiative, il paraît engourdi. Mais à la différence des situations d'ennui ou de dépression, il ne se plaint pas de son état. Il semble indifférent. Ses échanges deviennent plus froids, plus factuels, « désaffectivés ». Il a peu de souvenirs et ne se remémore pas ses rêves.

Ce retrait, quand le tableau est complet, constitue une défense contre le monde extérieur, perçu comme menaçant, et contre le monde intérieur, envahi de pulsions sexuelles ou agressives jugées angoissantes par le psychisme. Le caractère transitoire de cet état le différencie d'une personnalité schizoïde, qui présente un tableau analogue plus marqué et surtout permanent, ce qui peut faire le lit d'une future schizophrénie. Si cet état s'installe dans la durée, il convient de consulter. Une histoire d'amour en marque souvent la sortie.

Rêver

L'enfant, pour échapper à des sources de stress (internes ou externes), se réfugie dans la rêverie diurne, dans son imaginaire et dans ses fantasmes. Ainsi, il nie la réalité et se construit son monde comme il l'entend. Ce mécanisme est plus fréquent chez les jeunes filles parmi lesquelles la rêverie a toujours été plus valorisée culturellement. « Elle rêvasse en classe », peut-on lire sur le bulletin de l'une d'elles, et apparaît donc apathique pendant les cours.

Cette rêverie est intéressante scolairement quand elle est source de créativité, mais trop importante, elle détache l'enfant de la réalité et empêche les apprentissages. Le souci, comme avec les autres mécanismes de défense, c'est que l'échec, source de stress, ne fait qu'aggraver le recours à ce mécanisme et, par conséquent, l'enfoncement dans l'échec. Aider l'enfant à revenir sur terre passe par le repérage de ce qu'il cherche à fuir inconsciemment. Ces mécanismes de défense se mettent en place dans la petite enfance. Mais, à l'occasion d'un événement majeur (deuil, divorce, maladie), ils peuvent être remaniés. À l'adolescence, le tremblement de terre physique, intellectuel, psychologique et affectif correspond à une seconde naissance. Une nouvelle organisation de ces mécanismes se met en place. La maison du psychisme peut être réorganisée de fond en comble.

Le refuge dans la rêverie, comme les autres mécanismes de défense, peut devenir très apparent à l'adolescence sans obligatoirement avoir été très présent dans la petite enfance. L'adolescent devient songeur, rêveur. Ces rêves éveillés ont la même fonction que les rêves nocturnes : l'accomplissement imaginaire des désirs. Ils créent un cinéma privé grâce auquel l'adolescent fuit la réalité qu'il rejette parce qu'elle le dérange ou l'effraie. Tous les thèmes sont possibles et la censure opère peu. Mais deux jeunes filles qui se rêvent actrices et qui ne font pas leurs devoirs peuvent se conduire différemment. L'une restera devant son écran de télé quand l'autre, plus cultivée, se nourrira de lecture de textes de théâtre et prendra des cours d'art dramatique. Une vie fantasmatique est un formidable édredon contre les coups du sort. C'est aussi un bon potentiel pour les productions littéraires ou artistiques. Malheureusement, elle s'associe souvent à une inhibition de l'action et de la prise d'initiative. Si elle persiste plus d'un an et surtout si elle s'accompagne de retrait social, d'apathie ou de cessation de toute activité, elle doit être prise en charge.

S'identifier à l'agresseur

L'identification à l'agresseur est un mécanisme de défense qui consiste, pour un individu confronté à un danger externe, à imiter la personnalité de l'agresseur, à reprendre à son compte l'agression telle quelle. Beaucoup d'enfants agressifs le sont car ils se sentent en danger et s'identifient à leur agresseur réel (personne de leur entourage, coup du sort) ou imaginaire (tel qu'il peut apparaître dans les cauchemars). Jade adore faire peur à son petit frère en se déguisant en vampire, c'est sa façon à elle de juguler ses propres peurs.

Chez un enfant en échec scolaire, l'agresseur peut être l'école proprement dite qui n'a de cesse à ses yeux de le rabaisser, de le dévaloriser. L'identification à l'agresseur consiste alors à se soumettre en apparence aux exigences de l'école, en adoptant toutes les attitudes de l'élève studieux qui fait de grands efforts, qui est appliqué et qui fait ses devoirs – mais qui échoue sans cesse. Il semble plein de bonne volonté, mais ne progresse pas, au grand désespoir des enseignants. Qui ne se remettrait pas en question en tant qu'enseignant devant tant d'efforts vains de la part d'un élève qui échoue ? En faisant cela, l'élève agresse l'école et son représentant, l'enseignant, par son échec « désarmant » en retour à l'agression reçue.

S'activer

L'activisme consiste à gérer les conflits psychiques, les angoisses et les situations de stress externe par le recours à l'action plutôt qu'à la réflexion. Beaucoup d'entre nous ont expérimenté ce mécanisme de défense, ne serait-ce que transitoirement. Il se retrouve dans l'activisme sportif de certains cadres dynamiques, dans l'activité fébrile d'une mère de famille qui, stressée par son quotidien, en fait « trop », ou encore l'engagement excessif dans des activités professionnelles ou bénévoles pour fuir un quotidien pénible.

On retrouve ce mécanisme de défense chez les enfants hyperactifs. Ils ne tiennent pas en place que ce soit à la maison ou à l'école, ce qui gêne fortement leurs apprentissages malgré une intelligence normale et une motivation ad hoc. La prise en charge est difficile en psychothérapie, car lorsque l'enfant se pose pour réfléchir à son fonctionnement psychique, il est temporairement débordé par l'angoisse.

S'affilier

L'affiliation consiste en la recherche d'aide et de soutien de la part d'un tiers à l'occasion d'une situation qui génère de l'angoisse. C'est un mécanisme qui peut être favorable à la réussite scolaire, à condition bien sûr que l'enfant trouve dans son entourage des personnes qui acceptent de le soutenir. À l'école, ce mécanisme est efficace dans les petites classes où l'enseignant est plus disposé à rassurer l'élève. Le soutien peut aussi venir des autres élèves, et les qualités relationnelles, la capacité à créer des liens d'amitié offriront à ces enfants ou adolescents la possibilité d'obtenir de cet entourage une aide apaisante.

S'affirmer par les sentiments

L'affirmation de soi par les sentiments est un mécanisme de défense qui ne porte pas préjudice. Il s'agit de se libérer d'un conflit émotionnel ou d'un événement extérieur stressant par la communication sincère et totale de ses sentiments et pensées. D'ailleurs, de nos jours, l'expression des sentiments est utilisée pour soigner un certain nombre de troubles dont certains sont préjudiciables à une bonne réussite scolaire. Encore ne faut-il pas confondre l'affirmation par les sentiments avec la simple agressivité, qui est aussi un mécanisme de défense mais qu'il ne convient pas de soutenir par l'éducation.

Pour que ce mécanisme puisse être utilisé au mieux par l'enfant, il faut lui apprendre à être à l'écoute de ses émotions. Cela lui est plus facile si le parent est déjà à son écoute et s'il l'aide à mettre des mots sur les différentes émotions possibles. Cet enseignement peut aussi prendre comme support les personnages de fiction (films, dessins animés, livres) à partir desquels on pourra désigner à l'enfant les émotions qu'ils expriment.

Anticiper

L'anticipation, comme l'affirmation par les sentiments, est un mécanisme de défense affectif à encourager par l'éducation car il est bénéfique à la scolarité. Il s'agit, hors de toute situation de stress ou de conflit intérieur, de se projeter dans l'avenir en inventant différentes situations pénibles et en imaginant les futures réactions émotionnelles de l'enfant, les conséquences et les solutions possibles.

S'identifier

L'identification, comme la sublimation, est une stratégie reine pour la réussite scolaire. C'est l'assimilation non consciente, pour échapper à l'angoisse, d'une ou plusieurs qualités propres à une personne à laquelle on s'identifie, qui entraîne une transformation basée sur ce modèle. Il est bien sûr préférable que l'enfant s'identifie à des personnes qui réussissent scolairement. On peut aussi comprendre que des échecs soient provoqués par ce mécanisme.

> C'est le cas de Yoann qui échouait à l'école en raison d'une identification aux hommes de la famille. Son père, son oncle et son grand-père maternel étaient de bons artisans, à l'aise financièrement, mais qui n'avaient pas fait d'études générales alors que les femmes de la famille, mère, tante et même grand-mère avaient fait des études supérieures. Le travail psychothérapique a consisté à maintenir l'identification aux hommes de la famille de Yoann sur divers terrains, notamment celui de la réussite professionnelle, tout en détachant de son esprit que la réussite scolaire était du registre du féminin.

Les TOC

Les troubles obsessionnels compulsifs se définissent comme l'association d'obsessions mentales (c'est-à-dire de pensées, d'idées récurrentes persistantes qui envahissent l'esprit) et de compulsions, c'est-à-dire de comportements ou d'actes mentaux répétés. Ces actes ou pensées sont irrépressibles.

> Anne craint d'insulter ses enseignants, ce qui fait qu'elle n'ose pas prendre la parole en classe, et relit plusieurs fois ses dissertations de peur d'avoir laissé s'échapper des insultes par écrit.
>
> Yann relit chaque phrase plusieurs fois et vérifie tous ses calculs, obsédé par l'idée d'avoir commis une faute qui lui échapperait, et donc ne finit jamais son travail à temps.

Les comportements répétés constituent des rituels qui sont invalidants scolairement par la perte de temps qu'ils occasionnent. Les thèmes des obsessions sont variables : ordre, rangement, propreté, protection corporelle, thèmes moraux ou religieux À chaque obsession peut correspondre un rituel. Par exemple, le rituel du ménage face à l'obsession de la saleté, le rituel du lavage des mains face à l'obsession des microbes transmis par le toucher, le rituel de vérification d'un ado qui prend une heure pour s'assurer qu'il n'a rien oublié pour l'école. Ces TOC sont un mécanisme de défense efficace contre les représentations pulsionnelles. Les obsessions occupent toute la place et ne laissent pas de représentations gênantes s'installer, voire les enkystent. Mais, trop abondants, ils deviennent handicapants pour le fonctionnement intellectuel. Les rituels sont, pour l'ado confronté à des changements internes et physiques angoissants, le moyen de trouver une permanence, un îlot de stabilité grâce à la répétition qui évoque la répétition de l'histoire, toujours la même, qu'il réclamait chaque soir pour s'endormir quand il était petit.

Si ces mécanismes sont trop envahissants, une prise en charge spécialisée est indiquée. Elle portera sur les angoisses à l'origine des TOC (psychothérapies analytiques) ou sur le renforcement d'autres mécanismes de défense (thérapie cognitiviste). Des médicaments qui augmentent le taux de sérotonine sont également efficaces sur les TOC car ils diminuent l'angoisse sous-jacente, sans, bien sûr, en soigner la cause.

Intellectualiser

L'intellectualisation est, avec la sublimation, le mécanisme de défense le plus favorable à la réussite scolaire. Anna Freud, psychanalyste pour enfants qui a développé le travail de son père Sigmund Freud, notamment sur les mécanismes de défenses psychologiques, disait à propos de l'intellectualisation : « Les dangers pulsionnels rendent les gens intelligents. » C'est le mécanisme mis en place par beaucoup d'enfants surdoués. Il apparaît aussi à l'adolescence. La logique, le savoir en général, la recherche d'objectivité, l'adhésion à des théories diverses vont occuper le psychisme, empêchant les représentations liées aux pulsions sexuelles ou agressives, comme beaucoup d'émotions gênantes, de s'y installer.

Ce sont des enfants ou des adolescents trop sérieux qui discutent de questions politiques, métaphysiques, techniques ou mathématiques en se gardant de parler de leurs ressentis et en manquant gravement de légèreté. Il arrive qu'employé à l'excès, face à des conflits internes trop importants, ce mécanisme soit moins efficient car les réflexions peuvent alors se transformer en obsessions ou en ruminations stériles. Mais en règle générale, l'intellectualisation participe grandement aux acquis culturels et au développement des capacités intellectuelles. Il est donc bénéfique pour les performances scolaires, mais beaucoup moins pour les relations sociales chez ces ados qui passent un peu à côté des êtres et de la vie.

En règle générale, différents mécanismes cohabitent et nourrissent à des degrés divers la personnalité de l'enfant. La participation de chaque mécanisme peut évoluer au fil du temps. À l'occasion de la puberté, les remaniements psychiques et physiques entraînent une remise à plat du système et une nouvelle organisation psychoaffective. Une nouvelle distribution des mécanismes de défense se met aussi en place. En dehors des troubles névrotiques, c'est-à-dire en lien direct avec ces mécanismes affectifs de défense contre l'angoisse, d'autres troubles des apprentissages sont possibles. Ces maladies de l'apprentissage qui portent sur le développement propre à l'enfant, qu'elles soient neurologiques ou psychoaffectives, en lien ou non avec l'environnement affectif, qu'elles touchent les fonctions instrumentales ou les fonctions cognitives, sont regroupées sous l'étiquette « troubles dys ».

6

LES MALADIES DE L'APPRENTISSAGE

Un certain nombre de troubles des apprentissages spécifiques sont aujourd'hui définis. Ils pourraient se regrouper sous l'étiquette des « troubles dys » puisque leur dénomination débute par ce préfixe qui signifie « mal ». La population des enfants concernés en France n'est pas établie formellement. Certains considèrent qu'un enfant sur dix serait, à des niveaux variables, touché.

Il s'agit, pour les plus connus, de la dysorthographie (qui touche l'orthographe), la dyslexie (qui touche la lecture), la dysgraphie (qui touche le graphisme, les dessins), la dyspraxie (qui touche le contrôle des mouvements à l'origine de maladresse et d'une mauvaise représentation dans l'espace), la dyscalculie (qui touche le calcul), la dysmnésie (trouble de la mémoire), la dysphasie (qui touche les centres cérébraux du langage). On pourrait y ajouter les troubles dysexécutifs tels que le déficit de l'attention, que celui-ci soit associé ou non à une hyperactivité, ou les troubles du raisonnement et les troubles de la régulation du comportement.

Ces différents troubles des apprentissages sont dus à des troubles des fonctions instrumentales ou des fonctions exécutives. Ces deux types de fonctions constituent les activités cognitives. Ces dernières correspondent à l'ensemble des processus par lesquels l'enfant va acquérir des informations sur lui-même et son environnement, et les assimiler pour adapter sa façon d'être.

Les fonctions dites « exécutives » sont les différentes capacités intellectuelles telles que les différentes formes de raisonnement, les capacités d'anticiper une situation, de planifier, d'organiser, la pensée des choses abstraites, l'attention, la mémoire de travail, l'apprentissage des règles, la motivation Ce sont certaines zones du cerveau qui gèrent ces fonctions, essentiellement la partie la plus proche du front (lobes frontaux du cerveau).

Les fonctions instrumentales sont les « instruments » qui vont permettre à la pensée de s'exprimer. Ce sont le langage, le contrôle des mouvements (praxie), l'aptitude du cerveau à reconnaître ce que les sens captent (gnosie) et les capacités intellectuelles (l'efficience intellectuelle).

Les troubles, quand ils existent, apparaissent au cours du développement de l'enfant, avant ou lors des premiers apprentissages. Ils ont des répercussions importantes sur la scolarité. Habituellement, ils persistent à des degrés divers chez l'adulte, surtout s'ils n'ont pas été pris en charge, bien qu'aujourd'hui encore leur prise en charge porte difficilement ses fruits.

Les origines de ces troubles sont classiquement considérées comme innées. Pourtant, il est également possible qu'un bon nombre d'entre eux se mettent en place précocement au cours du développement cérébral. Quand bien même le développement neuropsychologique serait purement génétique, on sait que l'expressivité des gènes est soumise à l'environnement et à l'histoire individuelle. La dimension psychologique et affective qui est trop volontiers niée aujourd'hui dans les origines possibles est donc bien présente. Par ailleurs, ces handicaps occasionnent chez l'enfant qui en est victime des troubles affectifs comme la mésestime de soi ou l'anxiété.

La prise en charge de ces différents troubles comprend donc un travail de type rééducation : par exemple une rééducation psychomotrice en cas de dysgraphie ou une rééducation orthophonique en cas de dyslexie et éventuellement une remédiation cognitive par un neuropsychologue. À cette rééducation devra être associée une psychothérapie d'inspiration psychanalytique pour assumer la sphère psychoaffective. Il ne s'agit pas d'opposer les approches cognitives ou psychanalytiques dans la prise ne charge très difficile des « dys », mais au contraire de les associer quand cela est possible.

Voici les principaux « dys » rencontrés, leur mode explicatif, les prises en charge possibles ainsi que la place des parents dans cette dernière.

LA DYSLEXIE

Tout problème de langage écrit n'est pas systématiquement une dyslexie. Pour diagnostiquer une dyslexie, il faut que l'enfant ait un niveau intellectuel normal, ne présente pas de lésions cérébrales ni de troubles psychologiques importants, qu'il entende bien, qu'il voie bien, qu'il ait été normalement scolarisé, et qu'il soit culturellement, affectivement et socialement bien stimulé par son entourage. C'est un retard en lecture d'au moins 18 mois et une difficulté persistante à acquérir les mécanismes de lecture qui définissent alors la dyslexie. Elle est plus fréquente chez les garçons que les filles et 8 à 10 % d'enfants seraient touchés.

L'enfant dyslexique a des difficultés pour transformer les éléments écrits en sons. Dans des formes plus rares de dyslexie, il a du mal à photographier le mot dans son ensemble et le fait que le mot lui soit familier ne changera rien à ses difficultés. En revanche, dans la forme la plus courante de dyslexie, l'entraînement rend la lecture du mot plus aisée car l'enfant le photographie dans son ensemble.

Dès la maternelle, avant l'apprentissage de la lecture, on observe souvent des signes précurseurs comme des troubles du langage avec des confusions de sons, des manques de mots (qui restent sur le bout de la langue) ou une façon de parler télégraphique. La pensée va plus vite que les mots.

À partir du cours préparatoire, les parents doivent y penser si leur enfant préfère les activités où l'écrit n'est pas nécessaire. Quand il sait lire, il préfère la lecture en silence à celle à voix haute. Sa lecture est lente et laborieuse à la fin du CP. Il oublie des mots, il saute des lignes, il fait des ajouts, des confusions (ro/or), des inversions, des substitutions (voilure pour voiture), des omissions (tale pour table). Il a du mal à découper les mots en syllabes. Plus rarement, il s'agit d'une dyslexie visuelle. Dans ce cas, en plus des mots oubliés et des lignes sautées, on assiste à des confusions visuelles. L'enfant dyslexique recopie malaisément sur sa feuille aussi bien les lettres que les chiffres. Il a du mal à aligner les chiffres sur une opération. Il les écrit parfois en miroir. Souvent, il oublie les consignes, comme si sa mémoire immédiate était perturbée. Sont fréquemment associées des difficultés à tenir son crayon, des maladresses dans le graphisme et une gêne à mettre dans l'ordre des images qui racontent une histoire pour la reconstituer.

Nicolas a 8 ans et il est déjà considéré comme étant en échec scolaire.

> « Il écrit comme un cochon », me dit sa mère que je reçois au dispensaire. « D'ailleurs, précise-t-elle, il ne comprend même pas ce qu'il écrit. J'essaie de le faire lire, mais il n'aime pas ça. Il s'énerve à chaque fois, en disant qu'il n'y arrive pas. Pourtant, selon sa maîtresse, il est intelligent. À l'oral, il se débrouille très bien. Mais il ne prend pas ses devoirs en note. Je dois souligner que son père est comme lui : il n'aime pas lire et il écrit très mal avec beaucoup d'erreurs. C'est moi qui, à la maison, doit remplir tous ses papiers. »

En pratique, il n'y a pas une mais des formes de dyslexie, plus ou moins associées à d'autres troubles qu'une simple difficulté à décoder l'écrit. Aussi, selon les types, la dyslexie est plus ou moins handicapante. Bien que de plus en plus repérée et étudiée, son traitement reste souvent long et difficile.

Les enfants concernés doivent bénéficier d'une prise en charge par un orthophoniste au minimum une fois par semaine, mais deux séances hebdomadaires au moins sont aujourd'hui recommandées. En cas de trouble graphique associé, une prise en charge par un graphothérapeute ou un psychomotricien est indiquée. Certains proposent, bien que cela ne fasse pas du tout l'objet de consensus, des lunettes à prismes pour agir sur les muscles oculaires et des semelles pour corriger la posture.

La psychothérapie d'inspiration psychanalytique va partir en quête de conflits psychologiques inconscients. Dans le cadre de la dyslexie, ces conflits peuvent être précoces, entre les âges de 1 et 3 ans, durant le stade de développement affectif dit « anal ». Tout conflit psychologique génère des angoisses et déclenche une stratégie de défense. Ces stratégies sont les mécanismes que le moi de l'enfant met en œuvre pour éviter cette angoisse née du conflit. Ce dernier peut être par exemple une confrontation entre les pulsions agressives naturelles de l'enfant et les interdits qu'il commence à intégrer. Mais il arrive que les mécanismes de défense soient trop marqués, comme on l'a vu dans le chapitre précédent, ils peuvent alors devenir gênants. C'est le cas quand le conflit est trop intense ou que le moi ne génère qu'un seul mécanisme très intensément au lieu d'en associer plusieurs de moindre intensité. Cela crée un symptôme, c'est-à-dire le signe d'une pathologie qui peut être en l'occurrence des troubles en lien avec la dyslexie. Ceux-ci, en s'installant dans la durée, vont générer un défaut de développement. Ainsi, à des pulsions correspondent des représentations mentales. Mais la conscience n'assumant pas ces pulsions va tempérer leur action en y associant d'autres représentations (déplacement), en les séparant sans les remplacer (isolation), en y associant une représentation contraire (formation réactionnelle) ou en optant pour une seule représentation pour différentes pulsions (condensation). Dans les troubles dyslexiques, je rencontre, en tant que psychanalyste, ces différents types de mécanismes (isolation, déplacement, condensation et formation réactionnelle).

Pour un enfant, le fait de décoder, de lire, n'est pas neutre affectivement. Cela réveille des émois et des pulsions diverses. Chaque mot décodé peut, en fonction du sens, être associé à des émotions. Les mots voire les lettres, comme les chiffres, sont des représentations de pensées, parcellaires ou non, conscientes ou inconscientes. L'entrave des mécanismes de pensée par des mécanismes de défense trop marqués provoque des déraillements entraînant omissions, inversions, confusions, manques de mots... La psychanalyse analyse les ratés du langage. Les lapsus sont une manifestation de l'inconscient qui parasite l'ordre normatif du langage. Dans la dyslexie, ce n'est pas n'importe quelle lettre qui vient se mettre à la place d'une autre. Il peut y avoir un raté dans l'écrit qui répond à une logique subjective singulière émanant de l'inconscient.

Le rôle des parents, comme celui des pédagogues, est fondamental.

À la maison, on laissera autant que possible l'enfant s'exprimer oralement sans lui couper la parole trop tôt ou sans porter systématiquement un jugement de valeur sur ses avis. Chez les jeunes enfants, les jeux chantés ou mimés et ceux utilisant les mains sont bienvenus. On favorisera aussi les jeux visuels, qu'il s'agisse de trouver un intrus dans une représentation ou de poursuites visuelles comme on en voit dans certains jeux vidéos. L'utilisation de lettres en relief chez le jeune enfant, et surtout l'usage du traitement de texte par ordinateur sont indispensables. Grâce à l'ordinateur, sur un plan moteur, l'enfant n'est plus handicapé par le graphisme. Et sur un plan psychologique, l'ordinateur sert de média protecteur entre les mots écrits et l'engagement émotionnel qu'ils suscitent chez l'enfant. C'est comme si le mot ne sortait pas vraiment de sa main associée au crayon (le crayon est le prolongement du doigt, lui-même prolongement de la pensée) mais provenait de l'ordinateur. Le traitement de texte sert de filtre et donne plus d'indépendance aux mots écrits qui semblent ainsi plus éloignés des émotions ou des pulsions qu'ils peuvent porter en eux. Ainsi, l'enfant a moins de retenue émotionnelle à s'exprimer et il y a moins de parasitage par les mécanismes de défenses décrits plus haut.

En classe, l'enfant dyslexique ne sera pas assis à côté d'élèves agités ou bavards. Sa table sera délestée des objets inutiles qui détournent l'attention et prennent de la place. Elle se trouvera face au tableau et non pas à une extrémité de la classe. À défaut du traitement de texte, on proposera, sur un plan pratique, qu'il lui soit permis d'écrire de façon aérée, en sautant des lignes par exemple et en gros caractères. Pour la lecture, on le laissera s'aider d'une règle ou d'un cache qui lui permettront de lire ligne après ligne. On surlignera ce qui semble important. On l'invitera à jouer théâtralement ses lectures, on l'autorisera à ne pas lire devant toute la classe si cela le gêne et à lire à mi-voix plutôt que silencieusement s'il le souhaite. Il aura plus de temps que les autres élèves pour se relire attentivement. Ses leçons lui seront fournies sans qu'il ait à les recopier. Il ne sera pas noté sur la lecture ni sur l'orthographe. Enfin, la principale qualité attendue chez les adultes référents est la patience face à sa lenteur. Ils se garderont de toute remarque désobligeante au profit d'encouragements.

Une épidémie de dyslexie

Françoise Dolto raconte une épidémie de dyslexie dans une classe de primaire, durant l'occupation allemande. Elle touchait des enfants qui avaient subi l'exode et dont la classe avait été délocalisée loin de Paris, leur ville d'origine.

Ils n'arrivaient plus, pour un grand nombre d'entre eux, à suivre le modèle de leur institutrice qui, dos aux élèves, écrivait au tableau noir. Les lettres étaient écrites pour la plupart en miroir : elles étaient inversées de gauche à droite ou les boucles inversées de haut en bas. Dolto conseilla intuitivement à l'enseignante de passer dans le dos de chaque enfant en venant du fond de la classe, et pour ceux rencontrant des difficultés, de prendre leur main dans la sienne et de leur faire écrire deux ou trois fois la lettre du jour en détachant progressivement l'étreinte. Ensuite, elle devait écrire la même lettre au tableau en grand format, dos aux enfants, avant de s'incliner et de s'asseoir en marche arrière sur une chaise, toujours face au tableau et dos aux enfants.

Dolto avait émis l'hypothèse que pour ces enfants traumatisés par l'exode, la lettre écrite restait dans leur imaginaire accrochée à la craie et à la main. Quand la maîtresse, après avoir écrit, se retournait avec la craie, dans leur imaginaire la lettre se retournait en même temps que la main et la craie. Dolto avait pensé que les enfants qui avaient été séparés brutalement de leurs parents et de leur univers familier pouvaient bien « s'identifier à un objet sensé, une lettre par exemple, mais certains s'identifiant à la dépendance, plus importante affectivement qu'à l'objet (le tracé) séparé de la personne qui l'avait produite[9] ». En ce cas, ils ne s'identifiaient plus à la lettre devenue autonome sur le tableau mais restaient accrochés à la main qui tenait la craie, à la craie-main qui avait créé la lettre. Tout se passait comme si c'était la main parentale à laquelle, en tant que lettre, ils restaient cramponnés.

Utilisant cette technique, les enseignantes ont constaté au bout de quinze jours que la plupart des enfants s'étaient remis sur les rails.

9. Françoise Dolto, *l'Échec scolaire* : essais sur l'éducation, Press Pocket, 1990.

LA DYSORTHOGRAPHIE

La dysorthographie est un trouble des fonctions instrumentales acquises. La lecture n'est pas touchée, en revanche il existe un trouble de l'apprentissage des règles d'orthographe sans autre trouble associé. Cela concerne les règles grammaticales (accords, conjugaisons) comme les règles d'usage, que cela soit lors de dictées ou en recopiant. Dans ce dernier cas, il y a une proximité avec la dyslexie. On observe fréquemment une écriture peu assurée, hésitante. Une partie de la prise en charge de la dyslexie est alors indiquée, telle que la rééducation orthophonique.

Les parents aideront leur enfant en corrigeant avec lui sans aucun reproche ses différents écrits. Ils l'inviteront par ailleurs à écrire tout en se parlant à lui-même, c'est-à-dire à écrire après avoir épelé le mot. Ils pourront aussi lui proposer de « jouer avec les mots ». Ainsi, on essaiera de remettre en ordre des mots et des phrases désordonnés.

Certaines dysorthographies peuvent être d'origine psychoaffective. On parle alors de « dysorthographie psychogène ».

····➤ C'est le cas de Manon, âgée de 9 ans, qui est passée des cris à l'écrit. Elle ne présente pas, quand je la vois pour la première fois, de troubles particuliers du sommeil, de l'alimentation ou du comportement. Elle est bonne élève dans toutes les matières, ce qui rend ses importantes difficultés en orthographe particulièrement incompréhensibles. Malgré un suivi de trois ans avec une orthophoniste chevronnée, elle demeure retorse à toutes les règles grammaticales. Une approche psychothérapeutique lui est alors proposée par son pédiatre qui me l'adresse. Manon est la seule enfant d'un couple qui s'entend bien. Elle est jugée par son entourage comme une enfant très bien élevée. « Je n'ai jamais connu d'enfant aussi poli », aurait même dit sa professeure actuelle. Jamais un mot au-dessus de l'autre, aucune opposition vis-à-vis de ses parents, des autres adultes de la famille ou des enseignants.

En entretien, elle apparaît comme une enfant n'ayant pas de trouble du comportement, communiquant posément, très conformiste. Elle n'a pas d'autre trouble associé à sa dysorthographie. Son intelligence est très bonne et elle n'a aucun trouble du raisonnement. Les règles de grammaire, elle n'a aucun mal à les comprendre. Cependant tout se passe comme si elle était incapable de les mettre en application ; pire, qu'elle mettait un point d'honneur à ne pas les respecter. Elle dort bien, mais ne se rappelle pas ses rêves, comme si elle tenait son inconscient en laisse. Elle n'a d'ailleurs pas une grande imagination. Ses dessins, faits le plus possible à la règle, sont très tenus.

Elle a reçu de ses parents une éducation très classique et finalement assez stricte à laquelle elle s'est bien conformée après une période de très vive opposition vers trois et quatre ans, durant laquelle la réponse parentale a été très ferme. « Il n'a jamais été question pour nous de lui laisser croire qu'elle pouvait avoir le dernier mot. Il n'a jamais été question de négociation ni d'explication. C'était comme ça, un point c'est tout », nous dit son père qui est sur la même ligne que sa mère. Le père, dont la propre mère est morte quand il avait 6 ans, se souvient : « J'ai été moi-même très opposant toute mon enfance, je refusais toutes les règles et mon père a toujours été très dur avec moi. Aujourd'hui, je lui en suis reconnaissant. »

Manon ressemble physiquement à son père, mais à première vue la comparaison semble s'arrêter là. En effet, elle n'a pas été opposante aussi longtemps que lui. Elle n'a pas eu non plus les mêmes parents que ceux de son père. À moins que Manon exprime d'une tout autre manière son opposition. En effet, les éléments récoltés par ses paroles et ses dessins ont laissé transparaître une fronde contenue. Barrée par la fermeté éducative, cette fronde s'est secondairement et subtilement exprimée dans l'écrit. Si elle a mis de côté la mégalomanie propre aux enfants de 3 ans, si elle a intégré les règles de la vie quotidienne au domicile et à l'école comme personne, cela s'est fait aux dépens de l'écrit. Le couvercle qu'elle a placé sur sa dynamique pulsionnelle est trop étanche et, selon le principe de la Cocotte-Minute, la pression doit se libérer. C'est par le barrage inconscient de l'acceptation des règles de syntaxe et d'orthographe qu'elle s'exprime. Il a donc fallu, pour la soigner, revenir avec Manon sur ses premières années, sur une analyse de l'esprit des lois et des règles, mais aussi lui permettre de laisser s'échapper, dans son imaginaire comme dans son attitude et ses discours, un peu de liberté. Il a fallu instiller un brin de souplesse et d'huile dans les rouages verrouillés de son intégration des règles parentales où tous les interdits étaient mis sur le même plan. Au bout d'une année cela lui permit de lever son blocage et de s'approprier les règles de l'écrit tout en devenant moins rigide dans sa façon d'être.

Je la revis trois ans plus tard, car à l'occasion de la puberté elle était devenue particulièrement opposante, à l'image de la petite de trois ans qu'elle fut. Mais cette fois, les parents comprirent que la réponse à donner se devait d'être plus élaborée et diversifiée qu'une simple fin de non-recevoir.

LA DYSCALCULIE : LA CARABOSSE DES MATHS

Une personne dyscalculique lit et écrit très bien, mais va confondre les signes plus, moins, diviser et multiplier. Dans la vie quotidienne, elle est gênée pour vérifier sa monnaie, lire l'heure sur une montre à affichage analogique, et a fortiori pour faire ses comptes. Elle intègre mal les notions de temporalité et peut être souvent en retard ou en avance. Elle se repère mal sur une carte routière, évalue mal la distance la séparant d'un objet et peut confondre sa droite avec sa gauche. Certains jeux où il faut compter les points sont compliqués, comme le poker, tout comme suivre les scores des matchs.

La dyscalculie peut générer une véritable anxiété dès qu'il est question de mathématiques, en raison des échecs scolaires dans cette matière, à moins que ce ne soit la phobie (peur intense mais spécifique) des mathématiques qui soit à l'origine du trouble. L'enfant lit bien, écrit bien, mais il n'a vraiment pas la bosse des maths. Il arrive aussi qu'il ait quelques difficultés de lecture et d'orthographe. Déjà, en maternelle, il était embarrassé pour apprendre à compter. Il a souvent du mal à reproduire des formes géométriques et à se repérer dans l'espace : gauche-droite, haut-bas, est-ouest. Il arrive qu'à l'œil nu, il ne parvienne pas à évaluer de petites quantités d'objets et intègre mal qu'un chiffre puisse être supérieur ou inférieur à un autre. Puis, quand il s'agit de faire des calculs mathématiques simples ou de poser les premières opérations, bien que son intelligence soit normale (et chez certains très élevée), cela devient très compliqué pour lui. Il peut ne pas comprendre le prix d'un produit, ni estimer correctement une distance ou la taille d'un objet. Il fait partie des 5 % d'enfants ayant une dyscalculie développementale.

Les bébés naissent avec un équipement qui leur permet d'accéder à la numérosité. Pourtant, il y a parfois des blocages dans l'usage de ces outils. Autant de filles que de garçons sont concernés. Certains enfants présentent, associés à leur dyscalculie, des troubles de la motricité, de l'attention (26 %), ou une dyslexie (17 %), mais le QI est généralement normal. Ce trouble de l'apprentissage peut être très préjudiciable pour l'avenir, pas seulement sur un plan professionnel, mais aussi pour la vie quotidienne.

> Paul a 17 ans. Il vient d'obtenir son bac L avec mention. Il a déjà écrit deux romans et une pièce de théâtre – de belle facture à mon goût. Il a une petite amie et mène une vie sociale très riche. Pourtant, il n'arrive pas à compter sur ses doigts.

> Anne se souvient de l'enfer de sa scolarité à cause de son incompétence en maths : les notes et les commentaires humiliants, les reproches incessants et les punitions d'un père polytechnicien, la réputation de paresse ou de bêtise, les centaines d'heures de cours particuliers en mathématiques et les stages de maths la privant de vacances de Pâques ou de la Toussaint. Aujourd'hui, elle reste fâchée avec les chiffres, mais elle dit surtout souffrir de son passé.

L'origine de ce trouble reste mal connue. Il existe sans doute une participation génétique. D'ailleurs, quand un enfant est atteint, son frère jumeau l'est également dans 60 % des cas. Cela n'exclut pas des causes liées à l'environnement affectif, d'autant qu'on est loin des 100 % qu'on pourrait attendre si la dyscalculie était portée uniquement par un ou plusieurs gènes, dans la mesure où les vrais jumeaux ont le même capital génétique.

Des facteurs environnementaux jouent d'ailleurs leur rôle isolément : ainsi, une imprégnation alcoolique chez la mère pendant la grossesse augmente les risques de dyscalculie comme ceux d'autres troubles. De même pour la prématurité. Dans ces situations, il s'agit d'une atteinte directe des zones cérébrales (parmi d'autres zones également touchées) qui gèrent le calcul.

Enfin, des facteurs psychologiques et affectifs contribuent également à faire naître ou à entretenir le trouble. Leur détection et leur prise en charge est affaire de spécialistes. La zone concernée par les acquisitions mathématiques, et donc leur trouble, est bien localisée désormais. C'est le sillon intrapariétal du cortex cérébral. D'ailleurs, à l'occasion d'un accident vasculaire cérébral, ceux qui ont la région pariétale touchée sont victimes d'acalculie acquise avec des troubles analogues à la dyscalculie développementale.

On comprend dès lors qu'une désorganisation précoce des circuits corticaux entraîne une perte sélective du sens des nombres. L'activation de cette zone est précoce puisqu'on sait qu'un nourrisson de 6 mois peut discriminer des quantités d'objets d'importance diverse. Le mystère demeure quant aux différentes causes qui génèrent cette désorganisation, si ce n'est une fragilité neurologique originelle. Mais le trouble est trop subtil pour être visible aujourd'hui sur des imageries cérébrales. On commence à peine à repérer au niveau microscopique des différences métaboliques qui nous renseignent sur la traduction biologique du mal - mais non sur son origine.

Selon des chercheurs[10], deux systèmes cérébraux sont impliqués dans le calcul mental : l'un verbal, fondé sur la mémoire des calculs, et l'autre non verbal, fondé sur la perception des nombres et des quantités. C'est ce dernier qui est fondamental. Il est touché dans la dyscalculie et contrôlé par le sillon intrapariétal. Les enfants présentant une dyscalculie arrivent à apprendre et à réciter des tables de multiplication par cœur, mais ne peuvent additionner deux nombres, sauf s'ils ont appris par cœur cette addition.

La prise en charge doit être précoce. Beaucoup plus qu'elle ne l'est en règle générale aujourd'hui, en raison d'une méconnaissance du trouble, comparativement par exemple à la dyslexie. Avant d'évoquer le diagnostic de dyscalculie, il faut que l'enfant ait bénéficié d'une scolarité régulière, qu'il ait un QI normal et soit dénué de troubles

---

10. S. Dehaene et L. Cohen, *Mathematical cognition*, 1 : 83-120, 1995
S.Dehaene et al, *Science*, 284, 970, 1999.

émotionnels sévères, qu'il n'ait pas de troubles de la vision ou de l'audition et qu'il ne soit pas issu d'un milieu trop peu stimulant sur le plan éducatif. La plasticité du cerveau est considérable, la dyscalculie ne devrait donc pas être irrécupérable. Il semble d'ailleurs possible, pour certaines formes de dyscalculies, que les difficultés présentées s'estompent d'elles-mêmes avec le temps.

Le pédopsychiatre consulté orientera l'enfant vers un orthophoniste spécialisé dans la rééducation mathématique, c'est-à-dire formé à la méthode GEPALM[11], qui proposera des exercices de manipulation, de comptage, de regroupement, de sériation, de correspondance… Utilisant des jetons ou des cartes, il aidera l'enfant à se familiariser avec les chiffres avant de travailler sur le raisonnement mathématique. Un psychomotricien sera souvent indiqué. En effet, il existe un lien entre la capacité de nommer et de compter sur les doigts de la main et les performances mathématiques. Il aidera notamment l'enfant embarrassé en géométrie à se repérer dans l'espace. Un neuropsychologue peut également faire un travail pédagogique spécialisé dit de « remédiation ». Il pourra utiliser un logiciel mis au point par l'Inserm, qui propose des exercices rééducatifs.

S'ils le souhaitent, les parents ont un rôle à jouer sur le plan rééducatif. Un objet pris en main peut être considéré par l'enfant comme un prolongement de lui-même. À l'inverse, il arrive qu'un membre soit perçu comme extérieur à soi. Or, pour quantifier, il faut que les objets soient différenciés de soi avant d'être désignés. Il est donc important pour tous de travailler cette conscience de l'objet au travers du langage et de la désignation chez le tout-petit. Le travail sur les listes (jeu de la marchande par exemple), les jeux de Kim, la conscience de soi à travers les « étiquettes-prénoms » allant de la photo jusqu'à l'écrit constituent des activités essentielles.

11. Groupe d'études sur la psychopathologie des activités logico-mathématiques.

Quelques jeux parmi beaucoup d'autres !

1 Le jeu « Fractions de tartes » de David Suzie, composé de 90 cartes, qui permet de travailler les additions et les fractions. Le but est de réunir les cartes nécessaires pour former des tartes aux fruits entières.

2 Les « Digicartes » d'Hervé Le Madec sensibilisent les enfants aux notions de quantités. Ce jeu propose d'apprendre à comparer et à dénombrer des quantités et à reconnaître progressivement les nombres de 1 à 10. Il se compose de 72 cartes en 6 séries de 12 autocorrectives. Chaque série présente une notion étudiée (le plus, le moins, avec, autant, combien, nombre manquant).

3 Le « Bata-Waf » est un jeu de 36 cartes avec des représentations de chiens rigolos en 6 tailles différentes marquées par une toise. On joue selon le principe de la bataille : le plus gros chien remporte le pli. Si les deux chiens ont la même taille, c'est bata-waf !

Pour ce qui est de la sensibilisation aux chiffres, des chiffres en bois ou en plastique peuvent être utiles. Il existe aussi beaucoup de jeux à base de cartes, qui sont des aides aussi ludiques que pédagogiques Mais de nombreux jeux de société qui impliquent de compter peuvent être proposés. L'essentiel est que les parents fassent preuve de patience et de tolérance face aux difficultés de leur enfant. La tentation est parfois grande de s'emporter et de se demander si l'enfant ne le fait pas exprès ! Idéalement, l'enfant dyscalculique ne devrait pas être noté en mathématiques. En tout cas, considérez en tant que parents que ces notes ne comptent que « pour du beurre ». Dans ce domaine plus encore que dans tout autre, la réussite est une question d'amour.

Malgré les progrès obtenus, il est rare aujourd'hui de guérir totalement de ce trouble, même avec une prise en charge rééducative sérieuse. Il y a différents degrés de dyscalculie, mais dans chaque cas il importe de rechercher une origine psychologique et/ou affective.

Quand c'est le cas, il s'agit de dyscalculie psychogène ou simplement à participation affective (forme parcellaire de dyscalculie psychogène). Si une origine ou une participation psychologique du trouble est envisagée, le pédopsychiatre conduira une psychothérapie d'inspiration psychanalytique ou orientera l'enfant vers un psychologue formé aux techniques psychanalytiques pour une éventuelle prise en charge.

> Quand je reçois Yvan, adressé sur les conseils de son professeur en raison de ses difficultés scolaires, il a 9 ans. Comme médecin, je pose aisément le diagnostic de dyscalculie devant un QI normal et un retard de deux ans par rapport aux performances en calcul des enfants de son âge, comme me l'avait signalé l'enseignant. Il ne présente pas non plus de troubles émotionnels sévères, ni de troubles de la vision et de l'audition. En classe, il a du mal à lire et à écrire les chiffres petits ou grands, à les classer, à faire des additions ou des soustractions. En revanche, il ne présente pas de troubles associés : ni dyslexie, ni hyperactivité, ni problèmes de repérage dans l'espace. Un test parmi d'autres nommé ECPN (échelle conceptuelle de résolutions de problèmes numériques) permet de quantifier dans le détail la spécificité de ses troubles dans l'univers numérique (calcul oral/écrit, transcodages oral/écrit, estimation...) sans nous donner bien sûr l'origine du trouble.
>
> Yvan a été un enfant très « désiré ». Des problèmes de fécondité, sans que ceux-ci soient bien définis, ont conduit les parents à avoir recours à une procréation médicalement assistée. Plusieurs embryons ont été implantés car c'était avant la loi imposant une limitation à trois embryons au maximum. Cela n'a pas été caché à l'enfant. On lui a répondu, quand il a demandé comment on faisait les bébés, que « le docteur avait pris le spermatozoïde de Papa pour le mettre dans le ventre de Maman ». Je ne suis pas surpris qu'après cette expli-

cation, Yvan, motivé par des désirs œdipiens enfouis, me déclare vouloir être médecin plus tard. Yvan n'a pas posé d'autres questions, mais ses dessins et ses rêves semblent montrer que son inconscient en sait davantage. Tout se passe comme s'il avait capté que d'autres embryons avaient été implantés, dont l'un s'élimina tandis que deux autres durent être avortés. Un de ses cauchemars récurrents le représentait combattant des monstres identiques. Quand je lui demandai la raison de leur ressemblance, il me dit qu'ils étaient frères, pour changer ou préciser dans un second temps que c'était un même monstre qui s'était démultiplié. Quoi qu'il en soit, il devait les affronter « à la vie à la mort » selon son expression, dans une grotte, sans qu'il puisse me dire leur nombre exact car il faisait trop noir pour bien les voir. Je lui demandai alors de dessiner ce cauchemar. Il refusa une première fois, prétextant qu'il n'aimait pas dessiner, pour finalement accepter deux séances plus tard. C'est alors qu'il se dessina avec trois monstres autour de lui dans la grotte, ce qui correspondait au nombre d'embryons implantés. Il eut d'ailleurs du mal à me donner leur nombre exact quand je lui demandai de les compter, en tablant sur quatre, au lieu de trois, comme s'il se mettait au même rang que les monstres. J'exploitai alors cette piste, en racontant à Yvan l'histoire des trois mousquetaires qui en fait étaient quatre et surtout leur devise : « Un pour tous, tous pour un. » C'est ainsi que je pus l'aider à donner du sens à l'élimination de ses « frères » pour qu'il puisse naître.

Il est difficile d'accepter sans symptômes d'être né aux dépens d'autrui. Yvan présentait une forme de culpabilité du survivant et une crainte permanente d'être rattrapé par ses frères morts. Je proposai à Yvan d'imaginer un combat commun mené par lui et ses trois frères embryons, unis comme quatre mousquetaires au service du projet de faire des futurs parents un roi et une reine. Car pour un enfant, ses parents sont le roi et la reine de son royaume. C'est en donnant naissance à un enfant qu'ils pourraient ainsi régner sur une famille. Comme dans tout combat, il y a des disparus au champ d'honneur. Et si c'est son propre embryon qui donna naissance à l'enfant qu'il est aujourd'hui, cela aurait pu tout aussi bien en être un autre – l'essentiel étant qu'un enfant soit né. Quel que soit l'embryon qui servit de « terreau », l'enfant né est le fruit d'un combat collectif.

Cet éclairage proposé en guise de métaphore guerrière et héroïque prit corps chez lui et le soulagea. L'entrée dans l'univers des nombres était impossible tant qu'il ne savait pas d'où partait le chiffre 1. Notre être représente concrètement le chiffre 1, le chiffre 0 correspondant psychiquement à ce qui était avant notre naissance. Le chiffre 2 correspond à l'ensemble que l'on forme avec sa mère d'où l'on est issu et avec laquelle on forme une dyade. Le chiffre 3 correspond concrètement pour le tout-petit à la triangulation formée par lui et le couple de ses parents. Dans le cas d'Yvan, il ne savait pas définir le 1 car il ne pouvait se détacher de ses origines confuses et partait de l'embryon. Or les embryons étaient plusieurs. Grâce à la psychothérapie, il partit désormais du nouveau-né qu'il était et non plus des embryons. L'unité cette fois clairement définie et acceptée sans conflits intérieurs, il pouvait y prendre appui pour compter.

Une fois le conflit intrapsychique déverrouillé, le symptôme se leva. Yvan eut désormais accès aux faits arithmétiques, à la représentation visuelle de l'arithmétique écrite et à la représentation des quantités. Il put enfin entrer dans les apprentissages mathématiques. Son âge n'étant pas trop avancé, parti de zéro, il put cette fois, grâce à l'accompagnement d'un orthophoniste spécialisé, rattraper son retard en une année.

LA DYSPRAXIE

La dyspraxie est une difficulté permanente à exécuter les mouvements de façon automatique. Chaque geste demande un effort d'attention à l'enfant. Ce trouble est la cause de difficultés scolaires. On décrit quelques sous-catégories plus ou moins gênantes pour la scolarité. Souvent sont associés des troubles visuels : l'enfant voit bien mais a du mal à organiser son regard.

> Léo est maladroit depuis tout petit. Il peine à couper sa viande et à s'habiller seul. Il n'a jamais aimé dessiner et aujourd'hui encore ses dessins sont très médiocres par rapport à ceux des enfants de sa classe. Il a du mal à faire des puzzles comme à jouer avec ses Légos®. À l'école, il est décrit comme très lent. Il écrit très mal, lit avec difficulté, se repère mal sur une page, a beaucoup de difficulté à poser les opérations en colonnes.

L'origine de ce trouble est parfois due à des microlésions cérébrales comme chez les enfants prématurés ou en cas d'accident de naissance (anoxie). Dans ces cas, la dyspraxie est souvent associée à des troubles de l'attention ou à d'autres troubles des apprentissages. Mais le plus souvent, elle apparaît sans cause et la non-fonctionnalité des zones concernées du cerveau est considérée comme étant en lien avec un trouble du développement.

Les soins seront axés sur la psychomotricité et sur une adaptation de la pédagogie à l'école. En cas de doute sur une origine psychogène, une psychothérapie sera menée. À l'école, si le niveau de dyspraxie est important, on fera la demande, à la Maison du handicap du département, d'une assistante de vie scolaire qui accompagnera individuellement l'enfant en classe. La pédagogie sera adaptée selon les conseils que le médecin traitant pourra donner à l'enseignant. Vous trouverez dans l'encadré ci-contre quelques conseils pédagogiques pour une enfant en maternelle.

Conseils pédagogiques pour enfant dyspraxique

1 S'assurer que la table et la chaise de l'enfant sont à bonne hauteur et près du tableau. Le plan de la table sera éventuellement incliné.

2 Utiliser un matériel adapté : par exemple une règle lourde antidérapante, des lettres en volume colorées, un set de table antidérapant pour faciliter les manipulations, un cache pour guider le regard sur ce qu'il convient d'observer.

3 Employer le même code couleur sur tous les supports : par exemple le vert signale le départ (partie gauche des supports), le rouge signale la fin et l'arrêt (partie droite des supports), le haut est le bleu du ciel et le marron correspond au bas (le sol).

4 Préférer le surlignage au pointage avec le doigt.

5 Utiliser la comptine numérique pour les déplacements des objets comptés dans l'espace.

6 Commencer l'apprentissage de la lecture se fera en même temps que l'introduction de l'ordinateur.

7 Appliquer le code couleur à l'écriture : la ligne verte sur laquelle les petites lettres s'arrêtent correspond à l'herbe. La ligne marron correspond à la terre dans laquelle s'enfoncent les pieds des lettres (p, q, f...). La ligne bleue correspond au ciel vers lequel remontent les hautes lettres (l, f, t...). On démarre à gauche (feu vert) et on termine à droite (feu rouge).

Voici un cas de dyspraxie de l'habillage ayant une origine psychoaffective.

J'ai reçu Nicolas quand il avait 5 ans. « Il a toujours été maladroit », me dit sa mère. « Il a deux bras gauches », confirme son père. « Il a marché avec retard et ensuite il a toujours été très pataud, bousculant les objets sur son passage, un vrai éléphant dans un magasin de porcelaine, laissant tomber ce qu'il devait porter. Il n'arrive pas à s'habiller et a du mal pour se brosser les dents », ajoute-t-il.

Un examen neurologique, un électroencéphalogramme suivi d'un scanner, un bilan visuel, bref le bilan somatique ne révèle aucune anomalie. Un bilan psychomoteur confirme la dyspraxie en signalant des troubles de la successivité et de la séquentialité des gestes avec des troubles du tonus.

Nicolas est le dernier enfant d'une fratrie de trois. Il a deux sœurs aînées. Personne dans les ascendants n'a présenté de troubles d'allure dyspraxique. En revanche, la mère de Nicolas, Véronique, a grandi avec un cousin confié à ses parents, devenu orphelin suite au décès de ses parents victimes d'un accident de voiture. Ce garçon décidemment marqué par le sort fut renversé deux ans plus tard par une voiture et devint infirme moteur. Il alterna séjours à la maison et en centres de soins. Véronique éprouvait une culpabilité refoulée face à ce cousin qui rendit la vie de famille difficile, ses parents s'occupant de lui aux dépens de Véronique sans qu'elle se permette de s'en plaindre. À cela s'ajoutait une culpabilité imaginaire quant aux causes de l'accident, comme le révéla un travail sous hypnose que Véronique accepta de mener avec mon confrère, le Dr Valet. Il mit en évidence le souvenir traumatique suivant : le jour de l'accident de son cousin, Véronique s'était disputée avec lui. Ils étaient à l'extérieur et elle refusait de jouer avec lui, l'enjoignant à rejoindre la maison. C'est sur le chemin du retour que survint l'accident.

On pouvait interpréter la dyspraxie de Nicolas comme une manière de faire revivre à sa mère, sous une forme minorée, le handicap du cousin tel qu'elle l'avait vécu enfant. La dyspraxie de Nicolas payait le prix de la culpabilité de Véronique tout en répétant le traumatisme. Le travail psychothérapique de la mère et la rééducation psychomotrice ont permis la levée progressive du trouble.

LES PSEUDO-DÉFICIENCES INTELLECTUELLES

On parle de « déficit intellectuel » (autrefois de retard mental) pour un score inférieur ou égal à 70 au test de QI. L'atteinte touche les fonctions cognitives mais aussi le langage, la motricité et les performances sociales. Il y a des causes génétiques (pour les déficits majeurs, par exemple le syndrome de Down ou trisomie 21, le syndrome de l'X fragile) et des causes congénitales (par exemple le syndrome d'alcoolisation fœtale). Dans les pays en voie de développement, la malnutrition est une cause fréquente. Les autres causes sont développementales. On peut leur attribuer des facteurs psychoaffectifs. Toute cause confondue, le déficit intellectuel toucherait 1 à 3 % des enfants

Contrairement aux idées reçues, l'intelligence n'est pas une donnée fixée à la naissance. Bien sûr, il existe des enfants véritablement déficients sur le plan intellectuel qui ont des difficultés à suivre le programme scolaire standard. Mais ils sont rares et sont en général détectés aisément. Il suffit dès lors, en ce qui les concerne, d'adapter le niveau d'enseignement à leurs capacités afin d'assurer des acquis progressifs satisfaisants.

Mais le déficit intellectuel n'est pas toujours immuable, y compris chez des enfants infirmes moteurs cérébraux, et peut se développer en raison de la plasticité cérébrale. Les grandes voies du développement cérébral sont tracées à la naissance. Cependant, elles ne sont pas figées. En fonction des expériences de la vie et des apprentissages, le cerveau modifie sa structure et se réorganise. La macrostructure du cerveau, c'est-à-dire ses fondations, est déterminée génétiquement. Mais sa microstructure, c'est-à-dire les propriétés des membranes des neurones jusqu'à l'organisation des synapses entre elles, évolue en fonction de l'environnement ; elle est plastique. Si le nombre de neurones est reconnu comme étant stable, les connexions entre neurones peuvent se développer sans cesse au cours de la vie.

À ce propos, des chercheurs suédois ont découvert il y a une dizaine d'années des cellules souches de neurones dans le cerveau contredisant la croyance en l'impossibilité de fabriquer de nouveaux neurones. Enfin, le domaine intellectuel, cognitif, n'est pas indépendant des facteurs affectifs. Autrement dit, il existe de « pseudo-débilités intellectuelles » qui sont en fait les symptômes de troubles psychoaffectifs et qui peuvent donc se soigner par une psychothérapie de type analytique.

Quatre siècles avant Jésus-Christ, Démocrite écrivait déjà que « rien n'existe dans notre intelligence qui n'ait d'abord été dans nos sens ». Voici le cas de Paul-Émile, 13 ans :

····› Il est en échec depuis le cours préparatoire où il n'a pu apprendre à lire ni à écrire. Il a une petite sœur de 8 ans qui est une excellente élève. Les tests psychologiques mettent en évidence un déficit intellectuel dans tous les domaines. Son comportement sage, son allure discrète (renforcée par sa petite taille) rendent son maintien à l'école possible. La psychothérapie révèle un secret de famille : Paul-Émile ne cesse de dessiner des « X ». Un mystérieux monsieur X ? La croix qui barre son entrée ou qui signe une exclusion ? Un chromosome ? J'interroge à nouveau les parents sur l'histoire de la famille car ce que j'ai recueilli jusqu'alors comme information ne me permet pas de comprendre. La mère fond en larmes. Elle reconnaît avoir abandonné à la naissance l'aîné de ses enfants, atteint de trisomie 21 (anciennement dénommée « mongolisme »).

Paul-Émile, sans qu'on le lui ait jamais dit, le savait, mais ne le savait pas verbalement ni intellectuellement : il le savait affectivement. La psychothérapie montre qu'il le savait suffisamment pour ne pas oser dépasser son frère aîné. Il s'est construit déficient intellectuellement à la fois pour ne pas supplanter son frère et pour le rendre présent dans la famille, pour le représenter. L'analyse lève le blocage et permet à Paul-Émile d'entrer dans les apprentissages. En un an, il acquiert la lecture et l'écriture. Il gagne aussi en taille (plus de 10 centimètres) : son psychisme a autorisé son corps à grandir.

LA PRÉCOCITÉ

Les enfants dits « précoces » ou autrefois « surdoués » ont un niveau intellectuel nettement supérieur à la moyenne des enfants de leur âge. Pour confirmer leur précocité, il existe des tests de niveau que font passer des psychologues à l'école ou en consultation externe. Ces tests de quotient intellectuel mesurent différents niveaux d'intelligence et les résultats différencient l'intelligence verbale et l'intelligence de performance. Cette dernière permet d'évaluer le niveau intellectuel malgré une faible capacité de verbalisation. Si la précocité se maintient le plus souvent au fil du temps, il arrive qu'elle se stabilise, l'enfant retrouvant alors le niveau des enfants de son âge. Une précocité est un gage de très bonne réussite scolaire dans un cas sur trois seulement. Pour un tiers, la performance scolaire est dans la moyenne et pour le dernier tiers, les enfants précoces se retrouvent en échec scolaire. Une précocité n'est donc pas toujours un atout pour une bonne réussite scolaire.

Cela peut surprendre, mais ce serait méconnaître que la réussite dans la vie n'est pas qu'une affaire d'intelligence et que les enfants précoces présentent volontiers une fragilité émotionnelle. Ce sont des enfants qui ont une pensée fonctionnant à vitesse grand V et sans bouton « off », qui n'ont de cesse de réfléchir, d'analyser, d'évaluer, de comparer, etc. Ils ont besoin d'occuper leur esprit en permanence et pour éteindre ce feu, ils vont volontiers faire usage d'un écran de télé ou de jeux vidéo. Leur envie de comprendre est insatiable et leur esprit critique aiguisé, ce qui les rend parfois agaçants pour les adultes, mais aussi pour les autres enfants. Ils ont souvent un humour de grand. En règle générale ce sont des enfants sensibles, susceptibles, exigeants et fragiles en raison de leur capacité à comprendre des choses que leur maturité affective, qui, elle, n'est pas aussi précoce que leur intelligence, ne peut réguler sur le plan de l'impact émotionnel.

L'intellectualisation et la rationalisation étant les principaux mécanismes de défense utilisés par les enfants précoces contre l'angoisse, ils n'ont de cesse de se réfugier dans l'intellect qui, de fait, s'autorenforce.

Il importe pour les aider de développer d'autres mécanismes de défense et de les inviter notamment à développer des relations sociales avec les enfants de leur âge. Les compétences sociales sont en effet le maillon faible de ces enfants. Ce déficit est pour eux le siège de beaucoup de souffrance. Il existe aussi fréquemment un décalage entre leur développement intellectuel et leur développement psychomoteur qui aboutit à des difficultés psychomotrices, en particulier au niveau de l'écriture. S'ils comprennent vite, ils sont habituellement peu besogneux et ils préfèrent comprendre qu'apprendre. S'ils aiment lire et explorer intellectuellement les domaines qui les passionnent (astronomie, paléontologie,...), ils auront beaucoup de mal à faire leurs exercices et à apprendre leurs leçons. Comme la solution apparaît de façon intuitive à l'enfant précoce, il ne sait pas reconnaître le processus qui permet d'y aboutir. Trop souvent, il n'acquiert ni sens de l'effort ni méthode de travail, ce qui, à terme, le conduit à l'échec.

L'ennui en classe est fréquent. Si le saut d'une classe peut se justifier, au-delà le risque d'isolement social en raison de l'âge plus élevé des autres enfants est à considérer. Il est alors préférable de lui faire bénéficier d'un enseignement individualisé mais de le maintenir avec des enfants de son âge. Certains établissements proposent des classes pour enfants précoces. L'intérêt pour l'enfant est aussi d'y rencontrer d'autres enfants surdoués.

Quoi qu'il en soit, il faut s'attacher en tant que parent à lui donner le sens de l'effort et de l'organisation, à l'aider à acquérir des méthodes de travail et à exercer sa mémoire. Enfin, il faut satisfaire l'insatiable curiosité de cet enfant qui fonctionne par passions successives. On prendra garde à ce que l'enfant ne renonce pas à ses aptitudes intellectuelles pour se conformer à son environnement. Enfin, les parents ne doivent pas oublier que, malgré son niveau de compréhension élevé, il a la maturité affective et les besoins de tendresse de son âge.

DÉFICIT DE L'ATTENTION AVEC HYPERACTIVITÉ

Le trouble nommé « déficit de l'attention avec (ou non) hyperactivité » ou TDAH est caractérisé par les symptômes suivants qui se sont installés dans la durée : inattention, hyperactivité et impulsivité. Le degré du trouble est variable. On rencontre également des situations où l'hyperactivité domine et d'autres, à l'inverse, où c'est le déficit de l'attention qui est au-devant de la scène. Pour poser le diagnostic de TDAH, ces symptômes doivent être présents quel que soit le contexte : en famille et au dehors, comme à l'école. Ces manifestations, surtout quand elles sont importantes, ont des retentissements variables d'un enfant à l'autre. Mais il arrive qu'ils soient majeurs dans le vécu de l'enfant et notamment dans ses performances à l'école, occasionnant volontiers un échec scolaire par différents biais malgré une bonne intelligence. Les difficultés relationnelles, familiales et scolaires générées par ce trouble sont à l'origine d'une altération de l'estime de soi, d'un sentiment de dévalorisation, et sont un risque d'isolement.

L'enfant souffrant d'hyperactivité avec déficit de l'attention est instable, gêné dans les routines de la vie quotidienne. Il se disperse, perd beaucoup de temps, rature, s'organise mal, est inefficace et se met en retard. Il est également plus fréquemment victime d'accidents domestiques ou sur la voie publique que les autres. Il présente aussi des troubles de conduite, s'opposant volontiers aux consignes des adultes, ne respectant pas les règles et ne vivant les frustrations qu'avec difficulté. Le climat familial est souvent de ce fait altéré : « votre enfant est mal élevé », entendent souvent avec culpabilité les parents.

Le retentissement sur la vie scolaire est lié à la fois aux troubles de l'attention et aux problèmes comportementaux. L'enfant ne parvient à être attentif ni aux cours ni pendant ses devoirs. Il focalise mal son attention sur un texte. Il a du mal à partager son attention, par exemple à lire au tableau et à écrire sur son cahier en même temps. Son attention est diffuse et de faible intensité. Il est très sensible à la moindre distraction externe (parole d'un voisin, passage d'un avion, mouche). Il ne sait pas s'organiser et encore moins planifier ses objectifs. Il oublie la consigne du travail en cours. Il a du mal à anticiper les conséquences de ses actions et ne voit pas les enjeux de son travail à moyen terme. Son écriture ainsi que son orthographe sont souvent de piètre qualité. En classe, il apparaît fréquemment agité, perturbateur, voire agressif. Les reproches qu'il subit renforcent son manque d'estime de soi et le sentiment d'être toujours accusé. Ses attitudes provoquent son rejet par les professeurs et par les autres enfants, ce qui accroît ses symptômes.

Cela fait un siècle que ce trouble est décrit. Cependant, la découverte d'un traitement médicamenteux psychostimulant, efficace sur les symptômes mais ne traitant pas les causes éventuelles, a donné un éclairage massif sur ce trouble. Des millions d'enfants reçoivent ce traitement, notamment aux États-Unis, et la question se pose du bien-fondé du diagnostic comme de la prescription. D'autant que ces psychostimulants dérivés des amphétamines ne sont pas des traitements anodins. Les effets secondaires à court terme comme à long terme sont nombreux. Ils entraînent notamment un retard de croissance et le débat s'est engagé sur le fait qu'ils pourraient favoriser les conduites toxicomaniaques à l'adolescence.

Le diagnostic de TDAH est de plus en plus posé à l'emporte-pièce devant un comportement perturbateur, impliquant une demande de prescription par les parents poussés parfois l'entourage. Ce diagnostic a l'avantage de ne pas remettre en question l'environnement éducatif et familial de l'enfant. Quoi qu'il en soit, ces traitements qui font disparaître en partie les symptômes n'agissent pas sur des causes ou des facteurs favorisants éventuels.

Or le trouble TDAH peut être réactionnel à de nombreuses situations. On a vu que des troubles de l'attachement dans la petite enfance sont une cause majeure de TDAH plus tard. Françoise Dolto signalait déjà de nombreux cas d'enfants devenus hyperactifs pour lutter comme un « électrochoc » permanent contre la dépression non traitée de leur mère. Les TDAH peuvent être aussi une forme de dépression chez l'enfant, ou plus précisément de lutte contre leur propre dépression. L'enfant concerné ne reste pas en place et ne se fixe sur rien mentalement, comme pour ne pas se confronter à la menace de passivité et de pensées sombres dépressives. Une anxiété généralisée installée dans le temps peut aussi passer pour un TDAH. Une maltraitance connue ou non, physique ou psychique, est également à rechercher. Des incohérences éducatives avec des attitudes parentales contradictoires sont aussi à l'origine de troubles évocateurs d'hyperactivité.

Avant toute prescription médicamenteuse, il convient donc de mener une véritable investigation qui est par nature difficile. Et quand bien même le traitement serait prescrit rapidement pour soulager l'enfant et l'entourage, il faut absolument mener en parallèle des mesures éducatives et une psychothérapie de l'enfant, voire de la famille (thérapie d'inspiration psychanalytique, systémique ou cognitive).

Quelques conseils aux parents

1 Veillez à la régularité des horaires et à installer une routine des différentes activités de la journée comme de la semaine.

2 Aidez l'enfant à ranger ses affaires en étant présent, en l'assistant avec encouragement et en le guidant étape par étape. Un espace sera réservé pour chaque catégorie d'objets.

3 Donnez les consignes une par une et en face à face. Validez le respect de chacune avant de passer à la suivante.

4 Précisez les règles par écrit : ce qui est interdit sera inscrit noir sur blanc et pour chaque interdit, une liste de conduites ou d'activités autorisées sera proposée.

5 Limitez au maximum les écrans de télévision. Même si l'enfant est calme devant la télé, un temps de télé excessif renforce l'hyperactivité.

6 Avant d'aller quelque part, rappelez les règles et anticipez les comportements négatifs avec une liste d'instructions.

7 Positivez les consignes : dites « marche doucement » plutôt que « ne cours pas », « fais comme ceci » plutôt que « ne fais pas ça », « maîtrise ton corps » plutôt que « arrête de t'agiter ».

8 Stop Réflexion ! Invitez votre enfant à réfléchir pendant 5 secondes avant chaque action.

9 Prévenez-le 5 minutes avant chaque changement d'activité ou de lieu, par exemple avant de passer à table.

10 Privilégiez les activités physiques et les jeux de société pour l'intégration des règles et la réduction de l'impulsivité.

11 Pour les devoirs : limitez la distraction (calme, porte fermée, rideaux tirés), planifiez pour lui son travail afin de lui simplifier la tâche, ne criez jamais et ne le dévalorisez pas s'il échoue, gratifiez chaque petite réussite en le complimentant immédiatement. Et pas de devoirs supplémentaires !

12 Rassurez-le sur la permanence de votre affection pour sa personne quel que soit son comportement.

La prise en charge par un psychomotricien est très utile. Elle aide l'enfant à améliorer ses capacités à contrôler sa motricité, à inhiber un comportement donné et à élaborer des stratégies de comportement pour atteindre un but (approche CO-OP)[12], à s'auto-instruire[13] et éventuellement a à se relaxer.

L'aide d'un orthophoniste est souvent nécessaire car des dyslexies en lien avec un déficit attentionnel sont fréquemment retrouvées ainsi que certains troubles du langage. Il aide l'enfant par différents exercices à identifier les mots, à contrôler son impulsivité (réponses à différer), à mémoriser visuellement (copie à différer, remise en ordre de consignes multiples), à mieux percevoir visuellement (par exemple : rechercher l'intrus, jeu des différences) et à mieux comprendre les sens des textes (surlignages, recherche de mots-clés).

Les parents sont également aux premières loges pour aider leur enfant à contrôler en partie ses symptômes. Vous trouverez dans l'encadré ci-contre quelques conseils éducatifs.

Que l'enfant soit victime de « dys » ou non, la réussite scolaire est pour beaucoup une question d'amour de soi.

---

12. *Cognitive Orientation to daily Occupation Performance* : on apprend à l'enfant à utiliser un langage intérieur pour compenser son impulsivité, à intérioriser les instructions de l'adulte pour s'auto-contrôler.

13. Le psychomotricien verbalise les tâches à accomplir à voix haute. L'enfant les exécute, il verbalise ensuite lui-même les tâches à voix chuchotée, puis en pensée.

7

L'AMOUR DE SOI

Dans ce chapitre consacré à l'importance de l'amour que l'on se porte à soi-même pour la réussite scolaire, nous étudierons les notions d'estime de soi et de confiance en soi, qui sont parfois mal différenciées, et les moyens de les renforcer. Nous verrons également les conséquences d'une perte de l'amour de soi à l'occasion d'un état dépressif chez l'enfant.

L'ESTIME DE SOI

Un facteur essentiel de la réussite scolaire, comme dans beaucoup d'autres domaines, est l'estime de soi. Un enfant qui ne s'estime pas suffisamment ne cherchera pas à se faire du bien et fera moins d'effort qu'un autre pour assurer sa réussite. Il ne s'aidera pas lui-même à gagner. Il jugera qu'il ne mérite pas de consacrer ses efforts à l'amélioration de ses performances.

L'estime de soi, c'est quoi ?

L'estime de soi est classiquement définie comme le jugement ou l'évaluation que l'on fait de soi-même en rapport avec ses propres valeurs. Elle est liée à la fierté que l'on a de soi et repose sur l'évaluation de nos actes, conduites ou compétences que l'on va juger plus ou moins positivement. Elle mesure alors le rapport existant entre ce que l'on est (ou croit être) et ce que l'on rêverait d'être, à savoir notre « idéal de soi ». Plus l'écart entre l'être réel (ou supposé tel) et l'être idéal est important, plus l'estime de soi sera faible.

L'arbre de l'estime de soi

Quand l'enfant dessine un arbre, il se dessine souvent lui-même. L'image de cet arbre peut nous donner une idée de l'estime qu'il se porte.

La base du tronc représente symboliquement son énergie physique. Plus elle est large, plus l'enfant se sent bien dans son corps. Une santé fragile ou perçue comme telle induit souvent des troncs minces.

La présence de petites racines (sur le côté habituellement, prolongeant le tronc) indique qu'il se sent bien ancré au sein de sa famille, facteur, en général, d'une bonne estime de soi. Des racines trop abondantes peuvent être le signe d'un enfant qui manque d'autonomie ou sur lequel pèsent des secrets de famille susceptibles de porter atteinte à son estime de soi.

La hauteur de l'arbre donne un indice de la place qu'il croit occuper au sein de la famille ou du corps social. Les accidents sur le tronc ou les branches symbolisent un traumatisme passé, d'autant plus récent qu'il est situé en hauteur sur le tronc.

Placé au milieu de la feuille, l'arbre est le signe d'une estime de soi équilibrée plutôt que d'une « mise à l'écart » sur le côté gauche (attachement au passé) ou en haut (attachement au spirituel, mais trop peu terre à terre).

Les branches et le feuillage sont en lien avec la créativité et le développement personnel. Un arbre sans feuille témoigne d'un enfant inhibé ou qui manque de nourritures intellectuelles ou d'imagination, ce qui est volontiers associé à une estime de soi moins élevée que la moyenne.

L'estime de soi varie volontiers au fil de notre existence puisqu'elle est fonction des comportements, des actions et des choix de vie que l'on fait et qui sont conformes ou non à nos exigences, mais elle est aussi fonction de nos réussites. Une bonne estime de soi est associée à une idée élevée de sa propre valeur, à une bonne opinion de soi-même, au sentiment de satisfaction de soi et à la mise en place d'objectifs réalistes.

Mais, à mon sens, elle n'est pas que cela. Car l'estime de soi exprime avant tout l'attachement que l'on a vis-à-vis de soi-même. Elle est du registre de l'affectif qui n'est pas toujours rationnel. Ainsi, il arrive que l'on soit attaché à quelqu'un qui n'est pas aussi compétent qu'on pourrait l'espérer. Plus encore, on aime parfois fortement une personne qui présente à nos yeux beaucoup de défauts, que cette personne soit un amoureux, un fils, une amie ou une célébrité que l'on admire. L'amour est nourri de subjectivité. L'amour que l'on a de soi l'est tout autant. Nous avons tous connu des adultes et des enfants insupportables aux yeux d'autrui, mais toujours auto-satisfaits.

C'est l'atteinte à l'estime de soi, plus spécifiquement que la dépression dans son ensemble, qui conduit parfois au suicide. Quand on en vient à n'éprouver plus aucun attachement vis-à-vis de soi, voire à se haïr, on rompt avec soi et on cherche à se détruire.

Comment se construit l'estime de soi ?

La construction de l'estime de soi est intimement liée à la façon dont on a été aimé ou qu'on a pensé l'être. C'est parce qu'il est aimé que l'enfant se sent aimable et qu'il intègre l'idée structurante qu'il a de la valeur. Le nouveau-né mesure son importance dans l'attention et les soins que ses parents et son entourage lui procurent. Mais c'est surtout l'affection, et une affection inscrite dans la continuité, qui permet au bébé de s'attacher à lui-même.

Le pédiatre René Spitz a montré au milieu du XXe siècle que des bébés placés en pouponnière, séparés de leur mère incarcérée et confiés aux soins de puéricultrices, se laissaient mourir. Il démontra que ce n'était pas l'absence de soins hygiéniques ni d'alimentation, qui était à l'origine de leur perte d'attachement à eux-mêmes, mais l'absence d'amour. En effet, ces enfants étaient nourris, changés, soignés, mais ils n'avaient pas de relation affective privilégiée avec une puéricultrice en particulier. Ils n'étaient brièvement touchés que pour les soins et ne bénéficiaient pas d'une relation affective (exprimée par des caresses, des paroles ou simplement des ressentis empathiques) dans la continuité.

Pour le nouveau-né l'amour passe beaucoup par les relations corporelles. À l'occasion des soins du corps, le parent exprime son affection par des mots, des attitudes, des gestes, des sourires, des pensées positives, des émois. Tout cela permet au nouveau-né de se sentir « bien dans sa peau » et de s'attacher à ses parents. Cet attachement, comme celui de ses parents, lui permettra de commencer à s'attacher à lui-même par transitivité. Il prendra modèle sur l'amour que ses parents ont pour lui pour apprendre à s'aimer, car pour le nouveau-né, « je » est un autre avec lequel il fera connaissance et auquel il s'attachera progressivement.

Devenu plus âgé, l'opinion que l'on a de soi, comme l'attachement que l'on éprouve vis-à-vis de soi-même, continuent d'être influencés par l'opinion que l'entourage porte sur nous et par l'attachement de ces personnes qui comptent pour nous. Les autres nous communiquent leurs perceptions par leurs paroles, leurs attitudes, qui vont agir comme renforcements positifs ou négatifs de cet attachement. On intériorise au cours de notre développement le regard que les autres portent sur nous. L'enfant apprend à s'aimer dans le regard des personnes qui s'occupent de lui et notamment de ses parents. Il s'aime comme il est aimé. C'est vrai, mais cela demande à être relativisé. Il est question du sentiment d'être aimé, mais aussi d'être unique aux yeux de ceux qui comptent et du sentiment d'être à la hauteur de leurs attentes.

Une éducation qui apporte l'affection mais favorise une autonomie progressive, un bon dosage entre la sécurité affective et la liberté d'émancipation apporteront à l'enfant, et surtout à l'adulte qu'il deviendra, la certitude qu'il est acteur de sa vie et non pas simplement victime de contrôles externes, ce qui est un point fondamental dans l'estime que l'on se porte.

Sur le plan scolaire comme en d'autres domaines de l'ordre des savoirs et des savoir-faire, l'enfant, pour avoir une bonne estime de lui, doit se sentir compétent et reconnu par les parents, l'entourage familial, mais aussi par l'enseignant et les autres enfants. D'ailleurs à mesure que l'enfant grandit, le poids relatif du regard familial décroît au profit du regard social.

Le sentiment d'incompétence dans un domaine ne résume pas l'estime de soi. Le fait de se sentir nul en football ne porte pas atteinte à l'estime de soi dans la mesure où l'enfant se sent compétent et reconnu en d'autres domaines et qu'il se sent aimé. C'est aussi vrai pour le domaine scolaire, à la réserve près que la performance scolaire occupe aujourd'hui un tel poids dans la vie d'un enfant et dans l'opinion que ses parents ont de lui qu'il lui sera difficile, s'il est médiocre à l'école mais compétent ailleurs, d'avoir une bonne estime de lui-même. Ainsi, de manière habituelle, de mauvais résultats scolaires portent atteinte à l'estime de soi des enfants, atteinte qui elle-même favorisera une moins bonne performance ultérieure.

L'estime de soi est renforcée par la réussite scolaire, mais à l'inverse, elle est altérée par de mauvais résultats. C'est pourquoi un élève moyen dans une classe de très haut niveau risque de se retrouver en queue de peloton et de se juger « nul » en comparaison du niveau médian de ses camarades. Par conséquent, faire le choix d'un établissement élitiste pour son enfant dans l'espoir que le niveau le tirera vers le haut n'est pas toujours adapté, surtout si l'enfant a une estime fragile de lui-même. Inversement, un élève moyen dans une classe de niveau plus faible verra son estime de lui-même solidifiée. Le risque serait alors qu'il se repose sur ses lauriers.

Mais si l'estime de soi est influencée par la réussite, elle ne l'est pas toujours par l'intelligence. En sont la preuve les élèves précoces qui, pour diverses raisons, ont des résultats médiocres et se croient peu intelligents, tant l'intelligence est jaugée à l'aune des notes obtenues en classe, jusqu'à ce que leur précocité soit établie. Rappelons que chez les enfants précoces, un tiers est en échec scolaire.

Comment reconnaître un enfant qui n'a pas une bonne estime de lui-même ?

- Il n'apparaît pas détendu dans des circonstances où l'on s'attendrait à ce qu'il le soit (loisirs, activités familiales, vacances...).
- Il semble se méfier des adultes. Ou à l'inverse, il s'attache trop facilement à n'importe qui.
- Il ne se souvient pas de ses réussites passées, ou alors uniquement d'un ou deux succès qu'il idéalise.
- Il a du mal à se faire respecter par ses pairs.
- Il a des difficultés à coopérer au sein d'un groupe d'enfants.
- Il fait preuve de pessimisme.
- Il use volontiers de mensonges.
- Il peut se salir facilement, se fait souvent mal ; il est victime d'accidents de la vie courante plus fréquemment que les autres enfants.
- Il se laisse faire ou à l'inverse il entre en conflit pour un rien. Dans tous les cas, il est peu doué pour la négociation.
- Il renonce vite quand il peine un peu dans une action ou une activité.
- Il semble peu motivé pour débuter de nouveaux apprentissages.
- Il prend peu d'initiatives, est peu créatif et apparaît peu autonome.
- Il tarde à s'adapter à la nouveauté et se montre peu persévérant face aux difficultés.
- Il exprime verbalement son incapacité par des propos récurrents tels que « je ne sais pas », « je suis nul », ou quelquefois en adoptant des attitudes de vantardise.
- Il présente parfois des troubles de l'endormissement ou de l'appétit (hyperphagie ou appétit d'oiseau).

Contrairement aux idées reçues, l'estime de soi n'est pas une question de milieu social. On peut être issu d'un milieu très fortuné ou avoir des parents de haut niveau d'éducation et se mésestimer. On peut admirer sa famille et s'en juger indigne. À l'inverse, on peut être issu d'un milieu modeste et sous-cultivé tout en ayant une bonne estime de soi, tant cette dernière est avant tout liée à l'affection et au regard que les parents portent sur leur enfant.

D'autre part, l'estime de soi d'un enfant peut être influencée par l'estime de soi qu'un parent a de lui-même. Là aussi, la variable est la règle. En effet, un parent peut se mésestimer au point de considérer que son enfant ne peut être quelqu'un digne d'être aimé. Ils ne sont pas rares, malheureusement, ces parents qui n'ont que des reproches à offrir à leur enfant, lesquels sont autant de reproches qu'ils ont pu recevoir lorsqu'ils étaient enfants eux-mêmes. À l'inverse, tel parent peut considérer que son enfant tient de l'autre parent, ou d'un grand-parent aimé et estimé, voire admiré, et donc jugé avec la même faveur. Il est alors intéressant que les parents s'interrogent pour savoir de qui leur enfant « tient » le plus à leurs yeux : d'eux-mêmes, de l'autre parent, des deux, d'un ascendant ou de personne, comme le vilain petit canard dans le célèbre conte éponyme.

Plus l'enfant grandit, plus le regard de l'entourage social complète ou contrebalance le regard familial. Le temps est venu pour l'enfant de se conformer au miroir social. À ce titre, l'entrée en école maternelle, à 3 ans, introduit le regard de l'enseignant et des autres membres de l'encadrement dans l'estime que l'enfant a de lui-même. Le regard des autres enfants joue également un rôle fondamental, et ce à tous les âges même si on en parle surtout à l'adolescence.

Les facteurs culturels jouent également un rôle, surtout chez le grand enfant. Ainsi, les a priori racistes d'une société portent atteinte à l'estime de soi des individus appartenant à une minorité dénigrée. Par ailleurs, en Occident, durant des siècles l'aîné d'une fratrie jouissait de réels privilèges. sans doute est-ce pour cela qu'on a formulé l'hypothèse selon laquelle aujourd'hui les cadets auraient une estime d'eux-mêmes inférieure en moyenne à celle des aînés dans le domaine des performances scolaires, associée d'ailleurs à une moindre réussite. Cependant, dans le champ des compétences sociales, le cadet serait plus performant et plus populaire avec ses pairs que l'aîné. On peut supposer que l'investissement parental diffère un peu entre l'aîné et le puîné quant au niveau d'exigence.

Vous trouverez dans les encadrés suivants les moyens qui sont à votre disposition pour aider votre enfant s'il a une mauvaise estime de lui-même.

Comment renforcer l'estime de soi d'un enfant

- Faites preuve de chaleur (surtout avec les jeunes enfants) et d'empathie.
- N'hésitez pas à exprimer verbalement votre amour et à lui faire entendre qu'il ne fluctuera pas selon sa conduite.
- Invitez-le à exprimer ses différents ressentis en diverses occasions.
- Demandez-lui son opinion, ses goûts, ses choix, afin de les connaître et qu'il apprenne à se connaître, ce qui n'impose pas de les suivre puisqu'il est sous votre autorité et votre protection. Son avis compte, mais il n'est que consultatif.
- Faites-lui au moins autant de compliments que de reproches en divers domaines.
- Acceptez que votre enfant ne soit pas conforme à l'enfant rêvé et qu'il ait sa propre identité.
- Félicitez-le pour ses bonnes actions et ses réussites, y compris quand des échecs ou des actions négatives y sont associés.
- Critiquez un mauvais comportement, mais pas la personne dans son ensemble (dire par exemple : « On ne doit pas taper sa sœur » plutôt que « tu es méchant »).

- Ne tenez pas de propos humiliants ni sarcastiques. Évitez les reproches en public.
- Accompagnez l'enfant dans ses difficultés, sans le surprotéger, en anticipant avec lui ce qui l'attend, les risques encourus, et en l'aidant à trouver par lui-même les solutions.
- Développez son autonomie de façon progressive.
- Assurez-lui un environnement sécurisé pour prévenir les accidents domestiques et assurez-vous des qualités morales des personnes auxquelles on le confie.
- Assurez une continuité affective (évitez les absences prolongées).
- Renforcez votre propre estime de vous-même par les moyens dont vous disposez.
- Ne développez pas à outrance l'esprit de compétition et l'individualisme, favorisez également la solidarité et l'altruisme.
- Ne soyez pas trop exigeant. Ne mettez pas la barre trop haut et adaptez-vous aux capacités de l'enfant comme à sa classe d'âge.
- Ne laissez pas l'entourage lui coller une étiquette par des propos tels que : « Il est fainéant », « elle est capricieuse ».
- Ne comparez pas systématiquement votre enfant à sa fratrie ou aux enfants de vos amis.
- Évitez de critiquer l'autre parent devant l'enfant (ou précisez que vous le critiquez en tant qu'époux ou épouse mais pas comme père ou mère) car l'estime que l'enfant a de lui est influencée par l'estime qu'il a de ses parents.
- Aidez-le à se faire accepter des autres en lui enseignant le savoir-vivre, à dire oui comme à dire non à bon escient, à respecter et à valoriser autrui.
- Vous pouvez également compléter cette liste en aidant votre enfant à renforcer lui-même son estime de soi par quelques exercices qui lui vont lui permettre de s'auto-valoriser.

Exercices d'autovalorisation pour votre enfant

1 Proposez à votre enfant de penser à trois personnes qu'il admire, que celles-ci fassent partie de son entourage ou qu'il s'agisse de personnalités connues, vivantes ou défuntes. Qu'il imagine ensuite que chacune d'elles lui fasse un compliment personnalisé. Puis qu'elles lui disent chacune une phrase d'encouragement, par exemple « qui ne tente rien n'a rien ».

2 Qu'il écrive ces conseils et les conserve dans sa chambre.

3 Proposez-lui chaque matin, avant d'aller à l'école, de se mettre en face d'un miroir sur pied et de prendre la posture, d'une personne qu'il admire, voire de l'imiter.

4 Dans un second temps, invitez-le à adopter la posture d'une personne sûre d'elle-même. Vous pouvez lui montrer votre interprétation : tête et buste droit, ventre rentré, épaules en arrière, mains et pieds ouverts. Il pourra aussi s'amuser à parler comme quelqu'un de très sûr de lui.

5 Vous pouvez, avec son accord, filmer ces exercices et les lui montrer.

Un facteur de réussite scolaire

Le déficit en estime de soi est une cause majeure des difficultés scolaires, si ce n'est la principale. Les difficultés scolaires qui en résultent ne font que renforcer ce déficit. L'estime de soi agit sur la réussite scolaire par différentes voies que nous allons détailler.

Elle est l'une des bases de la motivation scolaire. En effet, l'enfant qui se sous-estime surévalue les difficultés d'une tâche et peut y renoncer. L'enfant motivé est celui qui pense pouvoir réaliser ce qu'on attend de lui et en recevoir des bénéfices, ne serait-ce que des félicitations. L'enfant qui ne s'estime pas n'anticipe pas une victoire ni les bénéfices qu'il en tirerait. Et s'il lui arrive de réaliser de bonnes performances, il ne les mettra pas systématiquement sur le compte de son travail personnel, mais sur d'autres facteurs tels que la chance ou sur la facilité de l'exercice.

Elle favorise l'autonomie. Un enfant qui est conscient de sa valeur s'autorise davantage à faire les choses par lui-même et à faire des choix personnels. Or, à l'école, un enfant doit faire preuve d'autonomie dans le choix de ses objectifs, de ses moyens et de ses stratégies. Plus grand, il doit être autonome dans le travail personnel qu'il effectue à la maison.

Elle protège du stress et en particulier du stress de performance qui correspond à la crainte de ne pas avoir de résultats scolaires à la hauteur des attentes de l'entourage. Or un stress trop intense nuit aux bonnes capacités cognitives. Il bloque le recours aux compétences acquises, gêne la concentration et l'attention, entraînant des erreurs d'interprétation et de jugement. L'estime de soi protège de l'anxiété de performance, car cette dernière est réduite quand l'enfant anticipe une réussite plutôt qu'un échec. Quand bien même l'échec semblerait annoncé devant la difficulté d'un travail, l'enfant qui a une bonne estime de lui-même prendra appui sur elle pour ne pas paniquer face aux conséquences prévisibles de cet échec. Le stress de performance est souvent en lien avec une peur plus profonde, celle du désamour parental, voire de l'abandon. Un enfant qui a une bonne estime de lui-même est habituellement confiant en l'attachement inconditionnel de ses parents. Il ne considérera pas qu'il est incompétent dans son ensemble s'il ne réussit pas un exercice ; il jugera simplement qu'il n'a pas utilisé pour ce travail les moyens adéquats.

Elle favorise les prises d'initiatives. Or le caractère entreprenant est un atout sur le plan scolaire. L'enfant sûr de sa valeur osera s'aventurer sur des chemins inédits et s'autorisera à imaginer des stratégies ou des solutions innovantes, ce qui augmentera ses chances de réussite.

Il sera également plus créatif puisqu'il ne jugera pas négativement ce qui émane de lui. Mais attention, dans le domaine de l'estime de soi comme dans d'autres, le mieux est l'ennemi du bien.

Éviter la surestimation de soi

Si le manque d'estime de soi est une cause majeure des difficultés scolaires, la surestimation de soi est également un obstacle à l'apprentissage et par conséquent aux bonnes performances scolaires. Un enfant qui se croit au-dessus des autres aura du mal à accepter d'autrui un enseignement de quelque nature que ce soit. Par ailleurs, un enfant qui se croit au-dessus des règles et des lois ne pourra pas les intégrer. Or, apprendre nécessite un minimum de discipline et le savoir scolaire repose sur des ensembles de règles : règles de grammaire, d'orthographe, de syntaxe ou de mathématiques.

Pour un jeune enfant, les parents sont omnipotents ; ce sont les représentants de la loi et du savoir. Si un enfant est éduqué de telle façon qu'il a l'impression de pouvoir « marcher sur la tête » de ses parents, il n'acceptera pas l'autorité d'un tiers, à commencer par l'enseignant auquel il ne reconnaîtra pas le titre de représentant du savoir. L'enfant, vers 2 ou 3 ans, passe par une phase mégalomaniaque qui est inhérente au développement psychoaffectif normal si elle ne s'installe pas dans la durée. Ayant acquis à cet âge suffisamment d'autonomie motrice et langagière, il se croit l'égal d'un adulte. Il supporte alors très mal les limites qui commencent à lui être posées, notamment afin d'assurer sa sécurité. Il ne tolère pas les frustrations et s'affirme en s'opposant : c'est la fameuse phase du « non ».

C'est par la mise en place de limites posées avec fermeté, douceur, autorité, bienveillance, explications, cohérence et persévérance, que l'enfant intégrera progressivement l'idée qu'il doit, comme tout un chacun, obéir aux lois qui s'appliquent à tous et aux règles variables selon les environnements et les périodes. Il doit également comprendre qu'il devra obéir jusqu'à sa majorité aux parents qui lui enseignent ces lois et ces règles tout en assurant sa protection. Un enfant qui ne bénéficie pas d'une telle éducation et auxquels les parents cèdent quel que soit le type de demande conservera un sentiment de toute-puissance. Même si le corps social, et notamment le personnel de l'école, compensera par ses interventions éducatives la carence familiale en matière d'obéissance aux règles, l'enfant rencontrera de grandes difficultés pour apprendre à l'école et pour tolérer les moindres frustrations de la vie. Il s'intégrera mal socialement et vivra par ailleurs avec un sentiment d'insécurité. En effet, un enfant qui se croit au-dessus des autres ne peut se sentir protégé par personne – et par ses parents moins que quiconque, étant donné qu'ils sont démissionnaires ou incapables d'exercer leur métier de parents. En conséquence, il sera plus qu'un autre soumis aux peurs imaginaires propres à l'enfance et, plus généralement, à toute l'étendue des angoisses humaines.

Le second pilier de l'amour de soi est la confiance en soi.

LA CONFIANCE EN SOI

Pour un enfant, avoir confiance en soi consiste à se sentir apte à affronter les situations du quotidien compte tenu de sa classe d'âge. Cela repose sur un sentiment subjectif et sur une analyse objective de ses compétences.

Le rôle de l'éducation

La place de l'éducation dans le développement de la confiance en soi chez l'enfant est fondamentale. Elle se transmet par l'exemple, par le discours. Il s'agit d'accompagner l'enfant dans ses différentes expériences en anticipant avec lui les difficultés qu'il rencontrera, en lui montrant comment procéder étape par étape pour y faire face et en l'invitant à faire de même tout en restant à ses côtés. S'il échoue, il faut l'amener avec bienveillance à recommencer, sans dramatiser, et le féliciter lorsqu'il réussit une étape. Le fait d'être aimé et que des personnes aimantes croient en lui aide l'enfant à prendre confiance en ses capacités ; cela le motive pour exploiter ses diverses aptitudes.

Malheureusement, l'amour parental peut être accompagné d'angoisses qui seront autant d'obstacles au développement de cette confiance en soi. La peur que son enfant ne se blesse ou n'échoue et en soit meurtri conduit les parents à agir à sa place. C'est parfois d'autres types d'angoisses qui sont déterminants, comme une angoisse de séparation. Les parents craignent alors de façon préconsciente ou inconsciente que leur enfant ne s'éloigne d'eux en s'émancipant. Dès lors, ils inhibent toute capacité d'envol et d'autonomisation en bridant le savoir-faire personnel de l'enfant. Faire systématiquement les choses à sa place pour qu'il « ne se fasse pas mal » lui donne de lui-même l'image d'un incapable. Par ailleurs, cela lui fait croire que la difficulté à réussir, la douleur de l'effort et l'échec sont inenvisageables, inacceptables, et qu'il est préférable de renoncer en amont plutôt que d'en être menacé. Ces messages sont destructeurs pour le développement de la confiance en soi puisque l'enfant ne se croira pas capable d'agir seul. Quand bien même il s'en croirait capable, il n'oserait pas agir de crainte de souffrir.

L'entourage peut également nuire au développement de la confiance en soi de l'enfant en optant pour l'excès inverse : en lui laissant entendre que rien n'est impossible, qu'il est le meilleur en tout et que rien ne peut résister à la volonté, qu'il pourrait être capable de tout à la simple condition de le vouloir, et en le poussant au « toujours plus ». Ces méthodes dérivant des théories positivistes des comportementalistes sont pourtant de nos jours largement soutenues et véhiculées. Or elles peuvent s'avérer contre-productives. En effet, elles empêchent l'enfant de faire une bonne évaluation de ses forces et de ses faiblesses, d'estimer de manière réaliste ses aptitudes face aux tâches à accomplir. Elles survalorisent la volonté aux dépens de l'observation, de l'analyse, de l'expérimentation, voire de l'apprentissage, dans une sorte de pensée magique qui ferait que le vouloir donnerait d'emblée tout pouvoir. Elles nient toute impossibilité, tout échec, et laissent croire que tout ne dépend que de l'individu – nullement des circonstances. Elles sont contre-productives car elles n'invitent pas l'enfant à apprendre patiemment, elles l'empêchent d'anticiper d'éventuels échecs et plus encore de les supporter. Le risque est alors que l'enfant, de crainte de ne pas pouvoir, se persuade qu'il ne veut pas réussir : « Je sais que je pourrais réussir cet examen si je le voulais, si je travaillais, mais je n'en ai rien à faire de le réussir », me dit cet adolescent quelques mois avant le bac, masquant maladroitement sa crainte de l'échec qui le pousse à renoncer.

La confiance en soi est le premier secret de la réussite scolaire, et le premier secret de la confiance en soi est la préparation et le travail. D'autant plus que la confiance en soi ne remplace pas la compétence.

Estime de soi et confiance en soi

La confiance en soi et l'estime de soi sont souvent confondues. Pourtant, elles sont de natures distinctes et se développent séparément. La confiance en soi repose sur le sentiment ou l'évaluation objective de sa capacité. L'estime de soi repose, comme on l'a vu, sur l'attachement que l'on a vis-à-vis de soi-même et sur la conscience de sa valeur. L'enfant qui manque de confiance en lui, confronté à différentes situations du quotidien ou à des attentes scolaires liées à sa classe d'âge, ne se sentira pas à la hauteur et aura peur d'essayer par crainte de l'échec. Un enfant qui ne s'estime pas laissera les autres passer avant lui, ne se trouvera pas beau, pas intelligent, pas important et croira ne pas valoir grand-chose. Avoir une bonne estime de soi, c'est se sentir valable et digne d'être aimé. Avoir confiance en soi, c'est se sentir capable. On peut se sentir apte en différents domaines et pourtant ne pas être très attaché à soi-même. À l'inverse, on peut ne pas se croire compétent en beaucoup de domaines et s'apprécier tout de même, comme on aimerait un ami bien qu'il soit peu compétent. Cependant, les deux concepts peuvent interagir, surtout chez l'enfant. En effet, un enfant imagine que si ses parents l'aiment, c'est avant tout en raison de ses capacités et notamment de sa réussite scolaire. Donc s'il ne se sent pas apte, s'il manque de confiance en lui, il se croira moins estimable. De même, un enfant qui ne s'estime guère sera moins tenté de s'engager dans des expérimentations diverses car il sera moins motivé, se demandera à quoi bon, voire se jugera indigne de réussir. Il échouera donc plus facilement, ce qui à terme lui fera perdre sa croyance en ses capacités.

Comment développer la confiance en soi de votre enfant

1 **En respectant ses besoins fondamentaux :** sommeil, alimentation, affection, santé, afin qu'il ait la force nécessaire pour affronter les différentes épreuves, qu'elles soient scolaires ou non.

2 **En le protégeant.** Restez à ses côtés et balisez les actes de votre petit intrépide sans pour autant lui interdire toute prise de risque. N'hésitez pas à intervenir s'il est confronté à des enfants malveillants : s'il doit apprendre à se défendre, encore faut-il que la confrontation soit équilibrée et qu'il n'ait pas à faire face à une bande.

3 **En l'aidant à s'investir dans des activités.** Invitez votre enfant à avoir des activités extrascolaires, même s'il ne se sent pas à la hauteur, en lui expliquant que vous ne lui demandez pas d'être particulièrement performant, mais que l'essentiel est de participer et de s'amuser. Invitez-le également à accepter les activités que ses camarades pourraient lui proposer. Plus il aura d'activités différentes, plus il aura de chancesde se découvrir du talent pour l'une d'elles.

4 **En le laissant papillonner dans ses activités extrascolaires.** S'il fait du piano une année et veut faire de la batterie l'année suivante, peu importe. Bien sûr, on aimerait qu'il devienne brillant dans un domaine à force de travail, mais il n'est pas certain qu'il y parvienne et il vaut peut-être mieux qu'il conserve cette ténacité et cette assiduité pour la scolarité. En touchant à tout, il se fait plaisir, et surtout il développe de petites habiletés diverses qui seront autant d'outils pour réussir scolairement.

5 **En employant les mots qu'il faut.** Si l'enfant rate quelque chose, ne lui en faites pas le reproche, mais aidez-le à repérer ce qui dans sa conduite a fait défaut, et invitez-le à recommencer aussitôt, ou plus tard selon les circonstances qui ont facilité l'échec.

6 **En favorisant son imagination et son expression.** Proposez à votre enfant d'imaginer une situation avant de l'expérimenter. S'il doit parler en public, qu'il s'imagine par exemple debout au milieu des enfants qui devront être présents. Proposez-lui aussi de dire, voire de lister par écrit ce qui peut l'effrayer à l'occasion d'une situation qu'il devra affronter, par exemple la crainte que les enfants ne se moquent de lui s'il parle devant eux. Ensuite, pour chacune de ses peurs, proposez-lui d'indiquer les conséquences qu'il imagine, comme la peur de rougir. Dédramatisez alors chacune de ses peurs.

7 **En le responsabilisant.** Confiez-lui de petites tâches telles que des courses pour la maison ou la préparation d'une partie du repas. Ne lui enlevez pas sa part de responsabilité si la tâche n'est pas accomplie correctement.

8 **En évitant les jugements trop personnels.** Ne portez pas un jugement sur toutes ses opinions ou désirs exprimés, même s'ils ne correspondent pas à vos valeurs, ce qui ne vous empêche pas de le questionner pour lui apprendre à développer sa pensée, voire à la remettre en question lui-même. En revanche, il est bon de lui rappeler ce que disent les différents règlements ou lois sur le sujet.

9 **En limitant le niveau de vos exigences.** Des attentes trop élevées de la part de l'entourage peuvent être à l'origine d'inhibitions chez l'enfant. Par crainte de l'échec, il risque alors de ne plus prendre d'initiatives. Invitez-le aussi à ne pas placer la barre trop haut et à progresser par étapes.

10 **En enquêtant.** Si votre enfant perd sa confiance en lui, recherchez quels peuvent être le ou les facteurs déclenchants : persécution par des enfants à l'école ou ailleurs, rejet par un enseignant, problèmes familiaux (conflits conjugaux), etc.

La confiance en soi à l'école

Il arrive qu'un enfant présente une confiance en lui correcte en différents domaines à l'exception du champ scolaire. Il est vrai que le jugement des parents, de l'enseignant comme des pairs est particulièrement marqué dans ce domaine.

Les parents doivent prendre conscience d'un éventuel manque de confiance en eux dans leur domaine professionnel, lequel fait peut-être suite à un manque de confiance durant leur scolarité, et travailler personnellement cette question. En effet, il est possible que l'enfant soit contaminé par cet autre déficit de confiance en soi. Il convient bien sûr d'encourager les efforts de votre écolier et de le féliciter quand il progresse. Récompensez ses bons résultats, mais ne punissez pas ses échecs. Ses mauvaises notes représentent déjà une frustration, voire une punition, et la « double peine » qu'imposeraient vos réprimandes ne ferait que porter atteinte à sa confiance en lui. Gardez-vous de le comparer à sa fratrie sur le plan scolaire, surtout si ses frères ou sœurs sont brillants, et n'octroyez pas à ces derniers des privilèges que vous lui refusez. Les droits et les devoirs des enfants ne doivent pas être liés aux résultats scolaires.

S'il panique pendant les devoirs sur table à cause de ce manque de confiance en lui et qu'il a des blancs lorsqu'on l'interroge alors qu'il sait sa leçon, parlez-en à l'enseignant pour que celui-ci ne le croit pas fumiste. Et enseignez-lui quelques techniques de relaxation comme celle qui consiste, en cas de blanc, à fermer les yeux quelques minutes pendant l'épreuve en pensant uniquement à sa respiration. Ou encore celle qui consiste à se remémorer un souvenir particulièrement plaisant qui stoppera la panique par son caractère émotionnellement agréable et permettra à la mémoire de remonter à la surface. Enfin, luttez contre sa timidité en lui demandant régulièrement son point de vue, et donnez-lui la parole, surtout si ses frères ou sœurs plus extravertis occupent le terrain du verbe à la maison. Faites des courses avec lui en le poussant à passer commande aux commerçants.

Le manque d'estime de soi et le manque de confiance en soi peuvent s'inscrire dans un champ plus vaste : la perte de l'amour de soi telle qu'on peut l'observer dans les états dépressifs de l'enfant, encore trop mal connus. En ce cas, ils sont associés à d'autres troubles. Les conséquences négatives sur la scolarité ne sont que l'un de leurs aspects, mais il est souvent le premier à permettre de repérer le mal.

La perte de l'amour de soi (dépression)

Tandis que la dépression chez l'adulte est décrite depuis l'Antiquité, ce n'est que depuis le dernier tiers du xxe siècle que l'on s'intéresse à la dépression chez l'enfant. Encore aujourd'hui, beaucoup ont du mal à concevoir que dans le vert paradis de l'enfance, à l'abri des préoccupations du quotidien et des responsabilités, la dépression puisse toucher les enfants. C'est que nombre d'idées fausses circulent toujours sur cette pathologie, comme celle pour qui la dépression serait liée à un raisonnement excessif, ce que traduit allègrement l'expression courante « se prendre la tête ». On a pensé pendant des siècles que les enfants de moins de 7 ans étaient dépourvus de raison, car dénués de discours organisé, et qu'ils se trouvaient donc à l'abri des soucis. Cette conception de l'absence de douleur morale chez l'enfant allait de pair avec celle d'une absence de souffrance tout court. En effet, jusque dans les années 1980, la douleur chez les bébés et a fortiori chez les prématuré a été niée. Les nourrissons étaient parfois opérés sans anesthésie et les soins médicaux douloureux réalisés sans analgésie ni sédatif. Les médecins pensaient que le système nerveux de l'enfant était trop immature pour ressentir la douleur et qu'aucune mémorisation n'existait.

Un mal inconnu

Aujourd'hui encore, quoique davantage reconnue, la dépression chez l'enfant reste insuffisamment repérée et sous-diagnostiquée par les professionnels. Une cause essentielle en est que la dépression ne se présente pas de la même façon chez l'enfant et chez l'adulte. De plus, les signes les plus fréquents de la dépression chez l'enfant varient selon son âge. Il n'est pas rare qu'un seul des symptômes soit apparent, qu'il s'agisse de troubles du sommeil, de l'installation d'une agitation avec agressivité, ou encore de difficultés scolaires. En présence de telles manifestations, il conviendrait alors de chercher d'autres signes associés, souvent masqués, pour poser le diagnostic de dépression, ce qui reste une affaire de spécialiste.

Même les bébés dépriment !

La dépression de l'enfant peut exister à tout âge. Les nourrissons eux-mêmes peuvent déprimer ! Mais en quoi cela concerne-t-il la réussite scolaire puisque la scolarité ne débute qu'à 3 ans ? C'est qu'une dépression chez un tout-petit a des conséquences sur son développement global et notamment sur son développement cognitif (intellectuel) et affectif. Or, on sait qu'un équilibre affectif est une condition essentielle à de bons apprentissages. Les conséquences d'une dépression sont d'autant plus graves si celle-ci passe inaperçue et s'installe dans la durée. Plus la dépression touche un enfant jeune, plus cela aura des conséquences potentiellement définitives sur son développement et donc sur sa réussite scolaire.

Les bébés de Spitz

René Spitz (1887-1974), psychanalyste (analysé par Freud) et médecin austro-hongrois, émigra aux États-Unis durant la Seconde Guerre mondiale, fuyant les persécutions nazies. Il travailla dans la pouponnière d'un établissement pénitentiaire pour femmes. Les jeunes mères ou les femmes qui accouchaient en prison ne pouvaient garder leur nouveau-né plus de six mois. Ces derniers étaient ensuite placés en pouponnière. Ils étaient alors pris en charge par des employées qui les nourrissaient, les changeaient, leur donnaient les soins d'hygiène régulièrement. Spitz constata que durant le premier mois de séparation, le bébé pleurait sans cesse, recherchait le contact auprès de tout nouveau venu à son berceau. Au deuxième mois, le bébé continuait de chercher le contact mais avec moins d'énergie. Son développement déclinait. Il perdait du poids. Au troisième mois, il refusait le contact et la nourriture qui lui était proposée. Il dormait beaucoup moins. Il déclinait sur le plan des capacités psychomotrices et tombait souvent malade. Au bout de trois mois, son visage était figé, totalement inexpressif, sans sourire, sans pleurs et sans agitation. Un mois plus tard, seuls quelques gémissements plaintifs et des mouvements étranges des doigts rompaient cette absence progressive de vie. Les plus âgés se balançaient d'avant en arrière, se griffaient ou se mordaient. Chez un bébé amaigri, inerte, les infections trouvaient un terrain idéal pour se propager, entraînant souvent la mort. S'ils survivaient, ils conservaient un retard majeur qui pouvait aboutir à un enfant ne parlant pas, ne marchant pas, ne tenant pas debout.

En revanche, si ces bébés retrouvaient leur mère ou un substitut maternel au troisième mois, ils guérissaient sans séquelles, tout du moins sur le plan physique. Car on sait désormais qu'une rupture affective aussi longue peut entraîner des fragilités psychologiques, à la séparation notamment, ainsi qu'une méfiance future quant aux liens d'attachement, pouvant aller, ai-je constaté, jusqu'à favoriser l'installation d'une personnalité paranoïaque.

Spitz comprit qu'il s'agissait d'une dépression due à la séparation d'avec la figure maternelle. Ces nourrissons n'étaient pas maltraités. On répondait à leurs besoins élémentaires. Mais ils manquaient d'amour. Et c'est par manque d'amour qu'ils se laissaient mourir. Ces bébés n'avaient pas de nurse désignée. Chaque jour, une nouvelle nurse pouvait s'occuper de l'un d'eux. Leurs soins n'étaient pas personnalisés. Il n'y avait pas de continuité affective, ni d'affection tout court d'ailleurs. Les bébés emmaillotés étaient coincés sous les draps (car on craignait plus le froid que le manque d'épanouissement), sans jouets à leur disposition. On ne leur parlait pas, on ne jouait pas avec eux, et ils n'étaient pas câlinés. On a retrouvé des cas semblables dans les orphelinats roumains à la chute de la dictature de Ceausescu.

Ce qui provoque la dépression d'un nourrisson comme d'un jeune enfant, c'est le plus souvent une rupture affective. Plus précisément, une rupture de continuité affective avec la ou les personnes maternantes, père, mère ou nounou. Il y a trois mécanismes possibles pouvant entraîner une dépression via les carences qu'ils provoquent : une rupture prolongée ou définitive, un va-et-vient incessant dans la relation, ou une présence absente.

Les ruptures totales surviennent par exemple à l'occasion d'un placement en institution. Ce sont les situations décrites par le Dr Spitz. Attention, dans les cas où l'enfant est séparé de sa mère alors qu'il n'a pas eu le temps d'avoir de relations suffisantes avec elle pour qu'un attachement se mette en place, comme dans le cas d'un consentement à l'abandon dès la naissance avec adoption immédiate, il n'y a pas de dépression puisqu'il n'y a pas eu de relation d'amour engagée (ce qui ne signifie pas qu'il n'y a pas d'autres symptômes possibles en lien avec le vécu de cette situation). Cependant, s'il ne bénéficie pas rapidement d'une relation maternante, il s'enfermera en lui-même progressivement sur le mode de l'autisme. Les situations de ce type sont rares aujourd'hui, mais elles existent. Si, dans les suites de la séparation, l'enfant rencontre une mère de substitution et qu'une relation affective de bonne qualité s'établit, les séquelles sont d'autant plus limitées que la séparation a été courte.

Le deuxième mécanisme correspond aux discontinuités dans la relation entre l'enfant et la figure maternelle, comme dans le cas de séparations répétées. Il peut s'agir de parents ou d'enfants hospitalisés de façon répétitive en raison d'une maladie chronique.

Victorien a 6 mois quand il est conduit en réanimation pédiatrique pour une crise d'asthme particulièrement sévère. Il en sortira guéri, mais ce ne sera hélas que le premier épisode d'une longue série d'états de mal asthmatique qui chaque fois nécessitera une hospitalisation en service spécialisé. La mère de Victorien vit seule avec deux autres enfants et tient seule sa propre boutique. Ces hospitalisations répétées à distance coupent l'enfant de sa mère, qui ne peut venir le voir que le dimanche, ainsi que de sa nourrice. Au début, en dehors des crises d'asthme, Victorien demeure un bébé joyeux, vif, actif, cherchant le contact, éveillé. De même, à l'hôpital, il ne semble pas manifester d'angoisse face aux inconnus en blouse blanche qui s'occupent de lui. Tout se passe comme si l'asthme venait justement occuper toute la place et remplaçait une angoisse qui aurait été compréhensible compte tenu des circonstances. Mais au fil des hospitalisations, Victorien se montre de plus en plus agité, nerveux, dormant mal, pleurant, criant sans cesse et se calmant uniquement dans les bras d'une aide-soignante. Les pédiatres finissent par constater un retard de l'évolution langagière et de la marche. Ce n'est qu'à l'âge de vingt mois que le diagnostic de dépression du nourrisson est porté. Une nouvelle organisation des soins est mise en place avec des services de santé plus proches du domicile familial, et une prise en charge pédopsychiatrique avec un suivi mère-enfant est instaurée.

Ce fut l'occasion pour la mère de Victorien, Christelle, d'être éclairée sur les vécus d'abandon dont elle fut victime durant sa propre enfance. Cadette de trois enfants (comme Victorien), ses deux sœurs jumelles étaient sourdes et muettes et occupaient toute l'attention des parents. Christelle, quant à elle, était régulièrement confiée bébé à sa cousine Victoria, âgée d'une douzaine d'années, qui, orpheline, vivait avec eux. Victoria fut en fait la maman de cœur de Christelle. Quand, dix ans plus tard, Victoria mourut de septicémie dans les suites d'un accouchement, ce fut un drame pour Christelle alors âgée de 10 ans. Le prénom qu'elle donna à son fils rend hommage à Victoria, mais cristallise aussi ce drame de l'enfance non reconnu dont Victorien, avec son asthme, était le porte-parole. L'évolution de Victorien fut très favorable, tant sur son état dépressif que sur son asthme qui disparut.

Le troisième mécanisme est la « présence absente ». Dans ce cas, la figure parentale est présente, mais c'est la qualité de la relation qui est gravement perturbée. C'est sans doute le cas le plus fréquent, mais aussi celui qui rend la prise en charge la plus difficile, car le parent en question ne peut pas être remplacé aisément par un substitut parental. Il s'agit d'une altération qualitative de la relation maternante. C'est le cas d'un enfant élevé par un parent déprimé sur une longue durée. C'est aussi le cas lorsqu' une pathologie handicape le nourrisson dans sa communication (déficit sensoriel, déficit moteur) et conduit la mère, qui ne se sent pas reconnue par son enfant, à s'en détacher.

La dépression chez la mère peut survenir directement après la grossesse, ou plus tard, sans lien avec celle-ci. Les dépressions du post-partum sont dues à des facteurs divers : hormonaux, génétiques, mais surtout aux remaniements psychologiques que produit la maternité chez une femme – le réveil de souffrances infantiles liées à une relation mère-enfant perturbée – et bien sûr à la fatigue et aux contraintes induites par la nouvelle situation familiale. Le fait d'avoir été victime de dépression avant la grossesse augmente le risque de dépression du post-partum, mais en général, dans ce cas, elle est plus facilement repérée et soignée. Car pour l'enfant, le grand danger est que cette dépression touchant la mère passe inaperçue. La dépression peut également survenir plus tard mais apparaître masquée ou larvée, c'est-à-dire ne pas présenter les signes classiques de la dépression.

Des troubles psychologiques sans dépression peuvent aussi rendre la mère absente. On parle de « relations blanches ». Dans ces cas-là, la mère est très présente physiquement, répondant bien aux besoins physiques de l'enfant en le nourrissant, en changeant ses couches, en le lavant mécaniquement. Mais elle est absente psychologiquement et affectivement. Elle ne s'intéresse pas au bébé en tant qu'être, ne ressent pas de désir pour lui, n'imagine rien pour lui, ne rêve pas de lui.

Mais un premier épisode dépressif peut aussi survenir chez un enfant plus âgé.

La dépression du grand enfant : un impact direct sur l'école

Les signes de la dépression se modifient en fonction de l'âge de l'enfant. Plus il est jeune, plus il va exprimer sa souffrance dépressive par l'intermédiaire de son corps. Ainsi, chez l'enfant à l'école maternelle, on trouve dans le peloton de tête des signes tels que les troubles du sommeil, la perte de l'appétit et les plaintes corporelles (maux de ventre). La régression est un autre signe propre à tout âge mais qui se traduit par des symptômes différents selon l'âge, justement. À l'école maternelle, l'enfant déprimé va faire le bébé. Il va demander à être pris dans les bras, parler mal ou recommencer à faire pipi dans sa culotte.

Plus l'enfant grandit, plus les plaintes corporelles laissent place aux troubles du comportement et aux protestations verbales. Parmi les troubles du comportement, on retrouve un état d'agitation avec une instabilité psychomotrice, une agressivité, une irritabilité, des attitudes de provocation. Il va se plaindre des autres enfants qui l'embêtent. Chez les plus grands apparaissent l'expression de l'ennui, du manque de confiance en soi et une autodévalorisation, voire des propos suicidaires.

Les difficultés scolaires sont une des conséquences d'un état dépressif, mais font aussi partie des signes qui permettent de poser le diagnostic. Ce sont d'ailleurs habituellement les difficultés scolaires qui poussent les parents à consulter et qui permettent au pédopsychiatre de découvrir un état dépressif qui serait sinon passé inaperçu, tant ce diagnostic est difficile à poser chez l'enfant et affaire de spécialiste. Ces difficultés s'expliquent par diverses composantes de la maladie dépressive : l'anxiété, le désintérêt généralisé, les troubles de la concentration intellectuelle, les troubles de l'attention et les troubles du comportement.

L'anxiété est fréquemment associée à la dépression. Elle peut prendre des formes différentes selon l'enfant. L'angoisse de séparation est l'une d'elles, et est d'autant plus présente que l'enfant est jeune. L'enfant perd son autonomie et craint que ses parents ne soient éloignés de lui. Il ne peut rester seul dans une pièce le soir, voire pendant la journée. Cette angoisse de séparation peut le conduire à un refus de se rendre en classe. Une autre angoisse concerne ses parents : il craint qu'il ne leur arrive quelque chose (maladie, divorce, mort). En conséquence, s'il accepte de se rendre en classe, ses craintes occuperont tout son esprit et l'empêcheront d'investir sa scolarité.

Les difficultés de concentration, les déficits de l'attention, les problèmes de mémoire, le manque d'imagination et de créativité, le ralentissement du raisonnement font partie des signes mentaux de la dépression qui altèrent parfois fortement la performance scolaire.

Si l'enfant présente certains handicaps type dyslexie, dysgraphie ou dyscalculie, il n'est pas rare que ceux-ci s'aggravent à l'occasion d'un état dépressif.

La perte d'intérêt pour tout ou presque est un signe de dépression majeur. Elle est d'autant plus visible, quand elle touche le champ scolaire, que l'enfant jusqu'alors s'intéressait vraiment à l'école et était bon élève. Il ne lève plus le doigt, il n'est plus candidat aux diverses activités scolaires, son attention en cours décroît, ses travaux sont moins soignés, il oublie ses affaires de classe à la maison, et il ne répond plus grand-chose quand on lui demande ce qu'il a fait en classe.

Les troubles du comportement peuvent susciter un rejet de la part des camarades ou des professeurs qui n'ont plus d'autre envie que d'enseigner la discipline à l'enfant, quand ils ne le renvoient pas.

La fatigue entraîne une perte d'efficience de l'enfant, ses efforts s'amenuisent, il se lasse vite, d'autant que la qualité de son sommeil est moins bonne. On le traite alors de fainéant, renforçant l'image négative qu'il a de lui-même.

L'ensemble de ces troubles occasionne des difficultés scolaires. Les mauvais résultats vont aggraver sa mésestime de soi et son vécu dépressif. Heureusement, même dans les situations les plus dramatiques, cela induit rarement des réactions aussi aiguës que des fugues ou des conduites suicidaires. Cependant, la baisse des performances scolaires, fréquente dans les dépressions de l'enfant, n'est pas systématique. En effet, certains enfants concentrent toute leur énergie dans le travail scolaire aux dépens de tout autre investissement, masquant avec la force du désespoir leur souffrance à leur entourage. Enfin, l'école peut aussi être un lieu protecteur pour l'enfant déprimé, grâce au soutien individuel qui peut lui être proposé par l'aide à la scolarité. Si ces aides permettent de renforcer les acquis de l'enfant, elles l'aident surtout à maintenir une estime de lui-même correcte, tout au moins dans le champ scolaire.

Un bon équilibre psychologique et affectif est également très lié à l'environnement social, et notamment à l'estime que portent à l'enfant les autres enfants. Plus globalement, la réussite scolaire, d'autant plus que l'enseignement se fait en collectivité, est aussi en partie dépendante de l'estime des pairs.

8

L'ESTIME DES AUTRES ENFANTS

L'estime, l'affection, l'amitié, la reconnaissance ou simplement le respect des pairs, c'est-à-dire en particulier des autres écoliers ou bien d'autres enfants fréquentés hors de l'école, sont aussi des facteur majeurs de réussite scolaire, et ce quel que soit l'âge de l'enfant.

ALLER DE PAIR

En effet, cette reconnaissance par les autres enfants participe, entre autres, au développement de l'estime de soi, de la confiance en soi, de la sécurité interne, du renforcement identitaire, de l'adhésion au statut d'écolier, de l'envie de réussir, de la reconnaissance et de l'estime des enseignants. Elle favorise l'apprentissage par imitation et identification aux membres du collectif de la classe.

Il n'est pas nécessaire que l'enfant soit aimé de tous et soit le plus populaire. D'ailleurs, les plus populaires, sans être des cancres, ne sont généralement pas en tête de classe. Il suffit simplement qu'il ait un groupe d'amis. Deux ou trois camarades peuvent suffire pour un enfant timide, mais il est important qu'il soit respecté par les autres.

Les parents peuvent agir sur l'intelligence sociale de leur enfant et l'aider à développer ses compétences relationnelles. L'objectif ne doit pas être que votre enfant ait dès son plus jeune âge un carnet d'adresses impressionnant, mais qu'il soit apte à nouer des liens avec d'autres enfants qui l'intéressent et à s'engager dans une relation de longue durée avec ceux qui lui correspondent. Cela implique également qu'il soit capable de se rendre intéressant pour autrui, de maintenir à distance ceux qui ne l'intéressent pas, de se faire respecter par ceux qui l'indisposent et de respecter les autres.

C'est à partir de l'âge de 3 ans que les relations sociales prennent tout leur sens et justifient l'entrée en collectivité. Cependant, l'enfant peut évidemment rencontrer d'autres enfants dès sa naissance (ses frères et sœurs) ou à partir de 1 an s'il est placé en crèche. La curiosité et l'attirance vers l'autre sont innées et le désintérêt pour l'autre est un signe de pathologie dont le stade extrême est l'autisme. Avant 3 ans, pour bien tirer parti des liens avec les autres et bien apprendre à construire des relations sociales, l'enfant doit bénéficier d'une bonne sécurisation parentale telle que définie dans les chapitres précédents.

Les enfants exclus sont ceux dépourvus d'aptitudes sociales ou que l'on juge trop agressifs ou immatures. Parmi les enfants le plus en difficulté relationnelle à l'école maternelle et primaire, on trouve notamment les enfants carencés affectivement. Ils s'accrochent maladroitement ou facilement aux uns et aux autres, mais de façon inadaptée, et finissent par être rejetés. En tout cas, ils n'arrivent pas à engager de véritable amitié. À l'autre extrémité, on trouve les enfants insuffisamment autonomes, immatures par rapport à leur classe d'âge, qui restent dans un lien de dépendance affective nourrie par l'angoisse de séparation ou par des sentiments œdipiens handicapants vis-à-vis de leurs parents. Chez tous les autres, différents facteurs transitoires ou installés dans la durée peuvent altérer leurs capacités relationnelles ou leur intelligence sociale. Il convient alors de les repérer et de les soigner. Il peut s'agir de comportements dérangeants et impopulaires (enfant hyperactif), de difficultés intellectuelles qui limitent l'enfant, de troubles anxieux généralisés, d'une humeur dépressive, d'un manque de confiance en soi ou d'attitudes d'évitement en lien avec des troubles anxieux particuliers (phobie sociale).

À l'inverse, l'amitié neutralise les effets négatifs du repli sur soi et prévient chez l'enfant vulnérable l'installation de la tristesse ou de l'anxiété. Un seul ami peut suffire pour servir de rempart.

Une fois que sont diagnostiquées d'éventuelles difficultés psychologiques, vous pouvez agir sur différents axes afin d'apprendre à votre enfant comment s'ouvrir aux autres. Voici quelques conseils pour l'accompagner.

Développer ses compétences sociales

1 Favorisez les rencontres avec d'autres enfants que ceux qu'il côtoie déjà à l'école. Inscrivez-le à des activités extrascolaires ou au centre de loisirs le mercredi.

2 Encouragez-le à inviter des camarades de classe à la maison.

3 Évitez de cultiver chez lui la peur de l'autre et de « l'étranger », tout en lui apprenant bien sûr à repérer les risques et à ne pas accepter n'importe quoi au nom d'une prétendue camaraderie. Il y a des signes qui invitent à la confiance et d'autres à la méfiance, enseignez-les-lui.

4 Cultivez son empathie, car il est fondamental d'être capable de se mettre à la place d'autrui pour créer du lien social. Pour cela, favorisez chez lui l'expression de ses différents ressentis, de ses émotions positives ou négatives, et mettez des noms sur les vôtres. À l'occasion d'histoires que vous lui racontez (quand il est petit) ou pendant que vous regardez des films ensemble, questionnez-le sur ce qu'il pense du caractère des personnages et sur ce qu'ils ressentent. Vous pouvez aussi faire des jeux de rôles avec lui. Si ces tentatives sont fructueuses, inscrivez-le à des cours de théâtre.

5 Prenez soin de son aspect extérieur. Il importe que votre enfant ait une bonne hygiène (cheveux, haleine, ongles) pour ne pas paraître repoussant. Quant à son allure vestimentaire, il ne faut pas qu'elle soit trop en décalage avec celle des autres, sans qu'il soit non plus nécessaire de l'habiller avec des vêtements de marque.

6 Conseillez-lui d'éviter les mensonges et la vantardise.

7 Encouragez-le à aller vers les enfants de sa classe ou des autres classes sans attendre qu'ils viennent eux-mêmes vers lui, et sans se montrer non plus trop insistant.

8 Invitez-le à accueillir favorablement les nouvelles personnes qu'il est amené à rencontrer en se conduisant avec elles comme il aurait aimé les voir se conduire avec lui.

9 Apprenez-lui à distinguer les signaux positifs comme les signaux apparemment négatifs mais qui témoignent d'un intérêt pour lui maladroitement exprimé (il n'est pas rare qu'un enfant en titille un autre pour créer un lien).

10 Apprenez-lui à percevoir le moment où il faut mettre un terme à une relation et aidez-le à repérer quand un enfant en manipule un autre pour son seul profit, en mimant l'amitié.

11 Profitez de cet enseignement pour développer vous aussi vos compétences sociales et votre réseau amical. Invitez chez vous des collègues ou des relations qui pourraient devenir des amis ou rappelez les vieux amis que vous ne voyez que trop rarement afin que votre enfant prenne modèle sur vous.

Les pairs sont un soutien pour l'investissement dans les études et la réussite scolaire. Malheureusement, il arrive aussi qu'ils soient un frein, voire un danger.

LES « SANS AMIS » ET LE HARCÈLEMENT À L'ÉCOLE

Les enfants victimes de harcèlement sont désignés par les autres comme des « sans amis ». Cela arrive à tout âge, mais avec une fréquence et une violence singulières lors des premières années de collège. Aujourd'hui enfin, le problème est pris en considération par l'Éducation nationale et des formations vont être proposées au personnel qui jusqu'alors ne prenait pas toujours la mesure du problème et ne réagissait pas de manière adéquate.

Une étude menée en 2010 auprès de 12 326 écoliers français, pour le compte de l'Unicef, a montré que près de 12 % d'entre eux étaient régulièrement victimes de harcèlement physique ou verbal. Un peu plus de 16 % des enfants disent ainsi être affublés d'un surnom méchant, 25 % ont été injuriés et 14 % ont fait l'objet de rejet. Pour les violences physiques, 17 % ont déjà été frappés souvent ou très souvent.

Dans les faits, c'est au collège que le phénomène de bouc émissaire prend le plus d'ampleur et cause le plus de drame. Au début de l'adolescence, les enfants maîtrisent mal leurs pulsions agressives et ont volontiers tendance à projeter leur malaise sur autrui. Le mécanisme du bouc émissaire est un facteur de cohésion du groupe qu'est la classe selon le principe du « tous contre un ». Un enfant fragilisé parce qu'il est nouveau, souffrant psychologiquement (déprimé, anxieux) ou affectivement (problèmes familiaux) sera importuné comme d'autres par les plus agressifs. Tandis que certains répondront ou trouveront du soutien auprès d'autres enfants, le futur bouc émissaire, en revanche, ne se défendra pas, ou bien maladroitement. C'est alors que le harcèlement s'installera peu à peu. Les autres enfants du groupe, sans être forcément agressifs, se feront complices, trop ravis de ne pas être victimes et en se gardant de le défendre afin de ne pas être traités comme lui. Le souffre-douleur habituel ne se plaint pas, trop honteux à cet âge de passer pour une victime ou en raison de sa fragilité (manque d'estime de soi, sentiment d'indignité). L'absence de plainte s'explique aussi parce qu'il n'est habituellement pas entendu par des parents peu attentifs ou des surveillants auxquels il n'apparaît pas sympathique car trop gros, trop moche, trop râleur, ou trop « victime ». Quand les parents ou le psychologue consulté devant les troubles finissent par découvrir la maltraitance et qu'ils en réfèrent à l'école, il leur est trop souvent répliqué que si cet enfant est victime de harcèlement, ce n'est sans doute pas par hasard, mais peut-être parce qu'il le cherche en partie ; ce qui sous-entend que la victime est partiellement responsable de son sort.

Malheureusement, il arrive qu'à leur insu, les membres du personnel d'encadrement manquent de lucidité car ils sont victimes de processus d'identification inconscients aux harceleurs, qu'ils aient été eux-mêmes harcelés enfants (et veulent l'oublier en s'identifiant à l'agresseur) ou qu'ils aient été des témoins complices de harcèlement quand ils étaient enfants. En outre, un enfant longtemps victime va générer des comportements favorisant la victimisation, adhérant à l'étiquette qui lui est collée ou souffrant de mésestime au point de provoquer des conduites masochistes.

Voici le cas de Hervé qui consulte pour son fils Auguste qui présente des troubles du comportement à l'école.

····➤ Auguste a 12 ans, il est en 5e et ses notes ne sont pas trop mauvaises ; en revanche, il est de toutes les bagarres et s'impose, selon les dires du personnel du collège, comme le caïd de l'établissement. Pourtant à l'école primaire, Auguste – sans pour autant être sage –, adoptait des jeux plus pacifiques et réglementés. Depuis la fin de la 6e, il collectionne les avertissements de conduite et il a déjà été exclu trois jours.

Auguste m'apparaît comme un garçon intelligent, apprécié de ses camarades, sans trouble de la personnalité, ni de l'humeur et sans être sujet à des angoisses particulières si ce n'est celle d'être définitivement renvoyé car il aime beaucoup, dit-il, son établissement. » Il n'aime pas la bagarre même si, reconnaît- il, « il commence à y prendre goût ». Ses conflits se révèlent motivés par son souci de justice. À chaque fois, il n'est pas directement agressé, mais il intervient dans diverses altercations ou visiblement il prend partie pour celui qu'il pense être le plus faible face à ses supposés agresseurs. Ceux qu'il combat sont en fait les autres caïds du collège y compris les plus âgés que lui. Il faudra peu de séances pour établir un lien direct entre ce comportement de justicier chez Auguste et le statut de bouc émissaire que son père Hervé me confie avoir porté pendant ses années de collège et dont il n'avait jamais eu l'occasion de parler mais qui, selon lui, l'ont marqué pour la vie. Aujourd'hui Hervé a une belle stature et un statut social enviable, pourtant raconte t-il : « Devenu adulte, il m'est arrivé de croiser un de mes agresseurs. Il m'arrive à l'épaule, n'a rien d'impressionnant, mais en le voyant je retrouve aussitôt présente la terreur qu'il m'inspirait alors. ».

Auguste qui n'avait pas été informé verbalement de cette partie douloureuse de l'histoire de son père a cependant reçu de ce dernier le message implicite, sans doute par des modalités de communication non verbales, de protéger les victimes. Ce faisant, il rassurait son père en n'en devenant pas une, voire respectait son vœu inconscient d'être du côté des persécuteurs, car dans le système du bouc émissaire on est soit victime soit persécuteur. Pour être ni victime, ni bourreau tout en étant persécuteur, Auguste est devenu le bourreau des bourreaux. Hélas, indirectement il devenait une victime par la menace d'exclusion à laquelle il s'exposait. Le décodage des comportements d'Auguste qui s 'enracinaient dans l'histoire d'Hervé lui permit de conserver son souci de justice tout en empruntant des voies socialement acceptables pour le défendre en dénonçant les agresseurs auprès des adultes référents plutôt qu'en faisant la police lui-même.

Il faudra y penser si votre ado devient triste, que ses performances scolaires déclinent, qu'il est peu motivé pour aller en cours et qu'il ne parle jamais d'amis de sa classe ni n'en invite à la maison. N'hésitez pas alors à envisager cette hypothèse et à en parler avec lui en insistant, car il est difficile à cet âge de reconnaître la situation de harcèlement.

Il est bien sûr question d'apprendre à votre enfant à s'affirmer et à se défendre verbalement pour répondre aux attaques verbales, ou à se plaindre systématiquement auprès des adultes. Mais par définition, un bouc émissaire aura du mal à s'affirmer dans une classe, isolé contre tous. Seule une intervention officielle et formalisée des responsables du collège auprès de l'ensemble de la classe, et pas seulement des deux ou trois persécuteurs principaux, pourra arrêter le processus. Le chef d'établissement devra faire preuve de fermeté en renvoyant chaque élève à la lâcheté de son comportement, et de pédagogie pour expliquer à l'ensemble de la classe les mécanismes de bouc émissaire comme les lois qui imposent le respect d'autrui. Si la demande de protection de l'enfant n'est pas entendue par l'équipe pédagogique et éducative du collège, les parents devront s'adresser à l'inspection académique. Si l'enfant est en danger, ils iront jusqu'à prendre avis auprès de la brigade des mineurs.

Bien sûr, la réussite scolaire des enfants est aussi dépendante des enseignants. Leurs qualités pédagogiques, les moyens matériels dont ils disposent et leurs conditions de travail sont des facteurs connus pour être essentiels dans la réussite des élèves. Je m'attarderai ici sur les facteurs affectifs qui entrent en jeu dans la relation des enseignants et des élèves et qui influent sur l'investissement et les performances de ces derniers. Il sera aussi question dans ce chapitre de la motivation des professeurs et de l'estime qu'ils ont d'eux-mêmes, car l'amour du métier chez l'enseignant alimente l'amour des études chez l'élève.

9

L'AMOUR DES ENSEIGNANTS

Le nombre de candidats au concours de recrutement de professeurs des écoles a fortement baissé en 2011 malgré le taux de chômage. Un enseignant sur deux souhaiterait changer de métier[14]. C'est particulièrement vrai chez les moins de trente ans. Les professeurs des collèges et lycées sont 17 % à être touchés par le « burn out », ce phénomène d'épuisement physique, mental et émotionnel, contre 11 % dans les autres professions, selon Georges Fotinos, ancien inspecteur de l'Éducation nationale coauteur de cette enquête[15]. Mais dans les faits, bien qu'apparemment démotivés ou découragés, moins de 1,5 % des 730 000 enseignants du secteur public quittent cette profession chaque année, chiffre q ui serait stable. Heureusement, et contrairement aux idées reçues, 71 % des professeurs des écoles trouvent

14. Enquête SGEN-CFDT ; 2008.

15. *Le Monde*, 20 octobre 2011.

leur métier plutôt ou très épanouissant[16]. Leur profession est source de satisfactions au quotidien pour près de 80 % d'entre eux, et dans la vie de l'école ou le travail réalisé (59 %). Leurs sources de satisfaction proviennent principalement des élèves : de leur épanouissement, de leur réussite ou simplement de leurs progrès pour 90 % d'entre eux. Cependant, plus de 90 % des enseignants du primaire se plaignent des demandes de l'institution scolaire, de l'évaluation de leur travail (63 %) ou de leur rémunération (72 %). Les obstacles à un meilleur travail sont pour les trois quarts d'entre eux le trop grand nombre d'élèves par classe, la lourdeur des tâches administratives (70 %) ou le manque de temps (66 %). Enfin, ils sont 93 % à regretter de ne pas pouvoir consacrer davantage de temps aux élèves en difficulté pendant la classe.

16. Selon l'enquête du SNUIPP-FSU, principal syndicat d'enseignants du primaire, enquête menée du 04-04-2011 au 09-05-2011 à laquelle près de 6 500 professeurs ont répondu.

L'ESTIME DE SOI DES ENSEIGNANTS

De la qualité du maître dépend celle de l'élève. Les compétences professionnelles de l'enseignant jouent un rôle majeur dans la réussite scolaire des enfants dont il a la responsabilité. Il s'agit de son savoir, mais également de son savoir-faire qui passe par des qualités pédagogiques adéquates au service du groupe et de l'élève individuellement. Plus l'enfant est motivé, autonome et intellectuellement avancé, plus il trouvera le moyen de progresser malgré un professeur ayant de médiocres capacités pédagogiques. En revanche, les enfants jeunes ou en difficulté sont ceux qui risqueront d'être les plus pénalisés. Aux compétences professionnelles qui font qu'un enseignant saura adapter sa méthode au contexte, au groupe et à l'élève s'ajoutent d'autres facteurs de réussite : son état de bien-être physique et psychologique. Au final, il convient que l'enseignant soit compétent et en forme, mais aussi, et c'est ce dernier point qui nous intéresse le plus car il semble le moins pris en considération aujourd'hui, qu'il aime son métier ! Il est donc question de l'estime de soi de l'enseignant sur le plan professionnel.

Un impact positif sur les élèves

On commence à faire cas de l'impact positif de l'estime de soi dans le domaine professionnel, au sein des entreprises privées ou de services comme chez certaines catégories de fonctionnaires. Il est malheureusement négligé chez les enseignants. Sans doute parce que si les inspecteurs savent pour la plupart évaluer les compétences pédagogiques d'un enseignant à un instant T, il est malaisé de mesurer à grande échelle cet impact en termes de performances sur des ensembles d'écoliers, selon le niveau de compétence ou d'estime de soi des professeurs.

Cependant, compte tenu de diverses observations, il est probable qu'une bonne estime de soi de l'enseignant sur le plan professionnel participe à la bonne réussite scolaire de ses élèves. En effet, un enseignant ayant une bonne estime de lui-même sera plus motivé et aura davantage confiance en lui. Plus l'enseignant a foi en lui, plus l'élève aura foi en son maître. Et mieux il apprendra. Les enfants s'identifient à leur maître et cette estime de soi, cette motivation comme cette confiance en soi les contamineront positivement. Le maître obtiendra une meilleure attention de ses élèves et moins de comportements perturbateurs.

Le désamour social

Or, le regard qu'un professeur va porter sur son exercice professionnel et sur son statut sera la synthèse du rapport entre ses aspirations préalables à son expérience et la réalité de son métier, de ses résultats (évalués notamment par la progression de ses élèves, mais aussi par les notes des inspecteurs d'académie) et des regards extérieurs portés sur lui. Ces regards sont ceux de l'administration, notamment de la direction de l'école, des collègues enseignants et des parents. Mais aussi le regard véhiculé par le discours public et médiatique porté sur les enseignants dans leur ensemble.

Aujourd'hui, le métier ne fait plus rêver les jeunes générations. Jusqu'aux enfants qui sont bien moins nombreux qu'autrefois à vouloir être professeurs (alors que le professorat figurait parmi les premiers métiers ambitionnés par les enfants en primaire), à l'exception des élèves de moyenne et grande section de maternelle. En 2010, au concours de recrutement des professeurs certifiés, le nombre des candidatures a décru d'un tiers par rapport à l'année passée, pour baisser encore à la session 2011 malgré un taux de chômage important (et croissant) dans la population active. Jamais les critiques contre les qualités des enseignants, leur motivation, leurs compétences ou leur assiduité n'ont été aussi nombreuses – émanant tout aussi bien des parents que des politiques et des leaders d'opinion relayés dans les médias. Jamais le nombre d'enseignants victimes d'agressions de la part d'élèves ou de parents mécontents des remarques faites à leur progéniture n'a été aussi élevé. Il est loin le temps ou le hussard de la République, comme était nommé l'instituteur sous Jules Ferry, faisait l'admiration et le respect de tous.

Indépendamment de ce manque de reconnaissance sociale, voire de cette image sociale dévalorisée, l'estime de soi des enseignants est en outre altérée par des salaires relatifs diminués par rapport à leurs aînés, une stabilité professionnelle moindre (titularisation limitée), des possibilités de promotion réduites et des sources de stress croissantes. Ces dernières sont dues à une charge de travail accentuée liée aux exigences hiérarchiques, une tâche qui se complexifie (nouveaux programmes, nouveaux modes d'évaluation) et la nécessité d'une polyvalence toujours plus vaste. Ils ont en effet le sentiment d'être sollicités à la fois comme pédagogues, rédacteurs, évaluateurs, animateurs, éducateurs spécialisés, gendarmes, psychologues ou infirmiers, notamment auprès d'élèves porteurs d'un handicap, agents sociaux, thérapeutes familiaux, etc.

Les autres sources de stress sont dues aux comportements perturbateurs croissants chez les élèves, aux interventions parentales conflictuelles toujours plus nombreuses, à l'accroissement des tâches administratives, enfin à l'obligation d'une disponibilité physique, affective et intellectuelle incessante comme chez la plupart des professionnels de l'enfance.

Comment restaurer l'estime de soi des enseignants

Le bien-être des enfants et leur réussite scolaire passent par la restauration et le renforcement de l'estime de soi de leurs enseignants. Il faut que parents, administrateurs et décideurs politiques en aient bien conscience. Il n'y aura pas d'élève heureux sans maître heureux. Alors que où l'on parle tant de l'importance de l'éducation et que notre société accorde une valeur capitale aux résultats scolaires, il est étonnant que l'on se préoccupe si peu du sort de ceux qui sont en première ligne dans ces missions, si ce n'est sur le mode de la critique. Pour que l'estime de soi des enseignants progresse, il est impératif que leur métier bénéficie d'une meilleure reconnaissance sociale. Celle-ci devrait passer par une meilleure information des citoyens concernant la complexité de la tâche d'enseigner aujourd'hui. Nous allons voir, dans ce « programme de restauration », le rôle mené par la direction d'établissement, les parents, les enseignants entre eux et chaque enseignant individuellement.

La direction devra favoriser les groupes de soutien entre professeurs et les temps de formation externe. À ses missions de contrôle et d'évaluation, elle devra ajouter une fonction de coaching auprès des enseignants, auxquels elle proposera des stratégies pour résoudre les problèmes rencontrés dans le milieu scolaire. Elle soutiendra l'autonomie du professeur tout en prévenant son isolement, encouragera son sens des responsabilités, favorisera sa créativité et l'aidera à corriger ses erreurs. Elle lui proposera des objectifs réalistes, correspondant à ses capacités actuelles, et enfin apaisera son perfectionnisme et son éventuel stress de performance. La communication directe et fonctionnelle sera un objectif constant. Les enseignants seront associés en permanence au projet éducatif qui pourra évoluer en fonction des observations de chacun des professionnels. La direction imposera un climat de respect entre les enseignants ainsi qu'entre élèves et enseignants. Enfin et surtout, avant d'exprimer d'éventuels reproches, elle sera attentive à la valorisation des actions positives de chaque enseignant, quand bien même celles-ci s'inscriraient dans une routine professionnelle, sans attendre d'action spectaculaire de leur part. Un prof « sans histoire » a, tout comme un élève qui ne se fait pas remarquer, besoin d'être reconnu et valorisé.

Les parents d'élèves ont un rôle essentiel à jouer. Ils doivent bien sûr contacter si besoin les enseignants pour ce qui relève de l'intérêt de l'enfant au sein du cadre scolaire. Mais ils devront élargir leur mission en étant à l'écoute des difficultés de l'enseignant, en le soutenant dans ses tâches, en le protégeant si possible des sources de stress externes et internes à l'école et en n'hésitant pas à l'encourager et à lui exprimer leur reconnaissance, si le travail accompli le justifie.

De son côté, l'enseignant ne verra pas en chaque parent un gêneur qui cherche à le déposséder de ses responsabilités, ni comme l'unique responsable des difficultés de l'élève. Il ne craindra pas un partenariat avec les parents d'élèves et favorisera les échanges avec chacun d'eux individuellement, mais aussi en groupe, et militera pour que ce travail soit reconnu comme tel par l'administration. L'alliance entre parents et professeurs est l'un des gages de réussite pour l'enfant, ce qui ne signifie pas que les fonctions des uns et des autres doivent fusionner. Il est indispensable que chacun, professionnel et parent, reste dans son domaine de responsabilité sans refuser pour autant de se remettre en question pour mieux progresser. Ces changements ne seront possibles que si le mode de communication entre les enseignants et les parents est dominé par l'empathie et non par le jugement critique. Si chacun cherche à s'aider mutuellement, les enfants seront les grands gagnants.

C'est ce même esprit de solidarité qui doit unir les enseignants entre eux. Ce qui apparaîtra comme un vœu pieux aux yeux d'un enseignant jugeant ses collègues incompétents, étriqués ou égoïstes, est pourtant à la base de l'estime que chacun se porte sur le plan professionnel. Évaluant leurs élèves en permanence, les enseignants supportent mal d'être jugés car ils ont le sentiment d'être alors assimilés à des étudiants. C'est pourquoi le système de notation individuelle n'est peut-être pas le plus adapté pour les évaluer. Les conseils de la part des inspecteurs et la transmission de savoir-faire par le groupe devraient prendre le pas sur la notation et la vérification de l'application des programmes. La créativité, les innovations et les prises d'initiatives qui vont de pair avec la responsabilisation et l'autonomisation seront étudiées par le groupe d'enseignants comme des pistes possibles. Les administrations devraient favoriser le partenariat et les échanges entre enseignants et ne pas se contenter de la fameuse « salle des profs » pour permettre cette cohésion. La reconnaissance par les pairs est ce qui développe le sentiment d'appartenance, élément-clé de l'estime de soi sur le plan professionnel. Diviser pour mieux régner sur les enseignants, qui ne seraient alors unis que pour critiquer la hiérarchie ou les parents d'élèves, est un mauvais choix. Des enseignants qui se soutiennent, se conseillent mutuellement, partagent leurs expériences négatives comme positives et reconnaissent leurs compétences verront leur estime d'eux-mêmes renforcée. Ils passeront alors de la contestation parfois jugée puérile à la solidarité active et à la prise d'initiatives positives.

La valorisation de l'estime de soi sur le plan professionnel nécessite aussi de la part de l'enseignant l'accomplissement d'un travail sur lui-même. Pour cela, il lui faut dans un premier temps faire connaissance avec lui-même. Dans ce dessein, il s'observera avec le plus d'objectivité possible et sera à l'écoute des remarques de ses confrères, mais aussi de celles des élèves et des parents quand elles lui sembleront réalistes. Il repérera ce qu'il aime enseigner, ce qu'il aime moins ou n'aime pas ; ce qu'il a de commun avec ses collègues et en quoi il se sent différent. Il saura reconnaître ses domaines de vulnérabilité, ses difficultés quand elles se répètent ou s'installent, mais aussi ses réussites. Pour protéger ou pour restaurer une estime de soi défaillante, l'enseignant, dans un second temps, repèrera les diverses sources de stress professionnel avant de les réduire ou de les affronter. Dans le cadre de son activité professionnelle, il préparera bien ses activités pédagogiques afin de consolider son sentiment de confiance. Il ne craindra pas d'établir une routine professionnelle qui favorisera son sentiment de sécurité. Il se fixera des objectifs réalistes qu'il échelonnera dans le temps étape par étape. Il différenciera ses objectifs : celui fixé pour le groupe classe d'une part et ceux définis pour chaque élève d'autre part. La réussite scolaire d'une classe est la synthèse de leurs progrès individuels. Certains de ces progrès, aussi modestes soient-ils, peuvent être une grande victoire compte tenu des difficultés des enfants concernés. L'enseignant se méfiera de son perfectionnisme puisqu'il travaille dans le champ de l'humain.

Avec ses élèves, il posera dès le début d'année des règles de discipline claires et précises et s'assurera de leur application avec constance et cohérence. À la moindre difficulté, il n'hésitera pas à en parler à ses collègues et à la direction, voire à solliciter un conseil extérieur à l'école afin d'y remédier, seul ou en partenariat. Il reconnaîtra ses erreurs, tiendra compte de ses expériences passées et n'hésitera pas à changer de stratégie. Il viendra en aide aux collègues en difficulté même s'il ne se sent pas meilleur qu'eux. Il aura à cœur de participer à l'amélioration de l'estime de soi de ses élèves en les encourageant plutôt qu'en les pénalisant, ce qui améliorera leurs performances et en conséquence favorisera son propre sentiment de compétence.

RESPECTER L'ÉLÈVE POUR ÊTRE RESPECTABLE

Les enseignants doivent être respectés par les élèves. Un élève ne respectant pas son professeur doit être sanctionné. Certains professeurs sont victimes d'un véritable harcèlement de la part d'élèves. Il est du devoir des parents d'inculquer aux enfants le respect de leurs enseignants. Il est également du devoir de tous les membres du personnel scolaire, en particulier des directeurs et des proviseurs, de veiller au bon respect de l'application de cette exigence fondamentale, notamment pour assurer aux enfants un cadre serein et propice à leur réussite scolaire.

Il est aussi absolument essentiel que les enseignants respectent les élèves. Contrairement à une idée trop répandue de nos jours, respecter quelqu'un, ce n'est pas se soumettre à lui. En outre, respecter un enfant ne veut pas dire se mettre à égalité avec lui. Il existe évidemment un lien de subordination entre professeurs et élèves. Les parents délèguent leur autorité parentale en inscrivant leurs enfants dans un établissement scolaire. Le respect des enseignants s'impose comme s'impose le respect des parents qui est notifié dans la loi. Cependant, avoir la responsabilité d'enfants, les encadrer, les diriger, les superviser, les mener, tout cela est compatible avec le respect. Celui-ci rend d'ailleurs ces actions plus efficaces sur le moyen et le long terme. En effet, on obtient ainsi un meilleur investissement et de meilleures performances scolaires.

ATTENTION AU HARCÈLEMENT MORAL DE L'ÉLÈVE

Il n'est pas toujours aisé de voir où commence et où s'arrête le respect d'un individu, plus encore lorsqu'il s'agit d'un enfant sur lequel on exerce une autorité. Certaines conduites sont à bannir car elles sont néfastes. Elles doivent l'être a fortiori quand elles sont associées et répétées dans la durée et qu'elles entrent dans le cadre d'un harcèlement moral tel qu'il est défini dans l'univers professionnel des adultes et condamné depuis quelques années par la loi.

Il s'agit de pratiques relationnelles qui correspondent à un abus de pouvoir dans la relation, telles que couper la parole de façon réitérée, ne jamais user de savoir-faire sociaux (ni bonjour ni merci) ni de paroles valorisantes alors qu'elles sont proposées en des circonstances similaires à d'autres enfants, utiliser systématiquement un niveau verbal élevé et menaçant, faire des allusions moqueuses sur le physique de l'enfant ou sa personnalité, des remarques insidieuses sur un terrain vexatoire, user de mots qui blessent, de franc dénigrement, voire d'injures. Il peut aussi s'agir d'une négation pure et simple de l'élève, se traduisant par exemple par le refus de l'interroger.

Il s'agit aussi de pratiques d'isolement qui entraînent la séparation de l'enfant du collectif d'élèves ou d'une partie d'entre eux. Elles se mettent en place par des stigmatisations répétées devant la classe, une façon de noter injuste, une comparaison avec les autres élèves systématiquement négative par rapport à ses performances ou à son attitude, une complaisance pour certains contrastant avec la rigueur excessive adoptée pour l'élève visé.

Il s'agit encore de pratiques disciplinaires où la surveillance du travail, des faits, des gestes et des paroles peut devenir persécutrice.

De pratiques punitives injustes et excessives portant sur des faits inexistants ou véniels ainsi que d'évaluations abusives sur le comportement en classe.

Il s'agit enfin de pratiques qui se nichent au sein du pouvoir d'encadrement et d'organisation du professeur telles que les injonctions paradoxales : par exemple dire à l'enfant de s'exprimer librement pour finalement le sanctionner car ses propos sont apparus erronés ou inconvenants.

Ces détournements du lien de subordination, des règles disciplinaires ou du pouvoir d'organisation par un professeur définissent le harcèlement moral. Il existe dans les écoles. Même s'il est devenu beaucoup plus rare de nos jours qu'autrefois, il importe qu'il soit reconnu et condamné.

Cela génère chez l'enfant, comme chez les employés harcelés dans leur travail, des angoisses permanentes ou survenant par attaques, des cauchemars, de l'insomnie, des atteintes cognitives (trouble de la concentration, de l'attention, de la mémoire, de la logique), des atteintes psychologiques (atteinte à l'estime de soi, dévalorisation, culpabilité, dépression, indignité, augmentation des accidents, risques de suicide) et des atteintes somatiques (maux de ventre ou de tête, eczéma, infections fréquentes dues à une baisse des défenses immunitaires).

Respecter l'élève, c'est aussi tenir compte de sa singularité et l'accueillir au mieux malgré sa différence. Or, aujourd'hui, l'école en tant qu'institution se montre moins favorable aux garçons qu'aux filles.

Les garçons sont désavantagés

Les filles dépassent de plus en plus les garçons en matière de performances scolaires. Aujourd'hui, 58 % des diplômés en France sont des filles. Elles sont meilleures que les garçons dans toutes les matières, sauf en mathématiques et en sciences où elles sont néanmoins en train de les rattraper. Les garçons ont deux à trois fois plus de difficultés d'apprentissage scolaire que les filles. On entend peu de voix s'alarmant de cette situation qui témoigne d'une inadaptation du système scolaire actuel aux garçons. Le problème n'est pas pris en considération par les ministères, contrairement aux pays anglo-saxons où, depuis peu, des réflexions se mettent en place. Cet échec se retrouve dès les petites classes lors de l'apprentissage de la lecture et de l'écriture et se poursuit au fur et mesure de l'avancée des études.

Autrefois, la réussite scolaire était l'affaire des garçons. Cela n'étonnait personne puisque l'on pensait que le cerveau des filles était moins performant. En fait, les filles étaient simplement moins stimulées, avaient peu de modèles féminins de réussite scolaire et on n'attendait pas d'elles qu'elles occupent des fonctions professionnelles de haut niveau, leur destinée étant surtout de remplir une fonction parentale. Mais c'était aussi une période où l'enseignement était une affaire d'hommes. Le métier d'instituteur était considéré comme aussi valeureux et viril que celui de militaire. De nos jours, en dehors peut-être des filières technologiques, c'est un métier féminin, considéré comme offrant beaucoup de temps libre. Pour les élèves de collège notamment, la réussite scolaire n'est pas un signe de virilité, au contraire : les « intellos » ou les « bolos », parfois méprisés par leurs camarades, sont assimilés à des passifs, des « soumis ». Les élèves que j'ai interrogés considèrent comme normal que la première de la classe soit une fille.

Depuis vingt ans, les garçons sont majoritairement en échec scolaire. Mais au lieu de se demander si l'école est bien adaptée aux garçons, on tente de nous faire croire que ce sont eux qui ne sont pas adaptés à l'école. On réfléchit à l'envers et on renvoie à d'autres stéréotypes, comme on l'a fait autrefois pour les filles, en expliquant que ce phénomène est normal car ces derniers seraient moins studieux, plus instables, moins attentifs et plus hyperactifs en classe sans se demander si ce n'est pas un environnement scolaire ou social inadapté qui génère cela. En maths et en sciences, les garçons restent bons. Certes le niveau des filles progresse et c'est très bien. Dans l'imaginaire collectif et donc dans celui des petits garçons, les mathématiques sont sans doute du registre du masculin. C'est aussi un domaine ou les émotions ont moins de place, plus rationnel ; or les garçons reçoivent une éducation où l'on insiste sur la maîtrise de ses émotions.

L'intelligence n'est pas une question de sexe et si la scolarité était aussi bien adaptée aux garçons qu'aux filles, les résultats scolaires devraient être équivalents. Il est donc temps de trouver des explications et des solutions qui passeront sans doute par une modification des méthodes pédagogiques, du mode d'évaluation et de la relation maître-élève. Les méthodes d'apprentissage doivent tenir compte des spécificités des garçons. L'impact hormonal et l'image du corps[17] font que les garçons doivent dépenser plus d'énergie que les filles pour maîtriser leur corps. De plus, leur capacité de verbalisation est moindre. Celle de rester assis et concentré leur demande plus d'efforts car les garçons sont davantage kinesthésiques que les filles. Il faut tenir compte de cette donne pour enseigner différemment. Le second point essentiel relève de la relation maître-élève.

J'observe que l'échec des garçons s'est installé à mesure que le corps enseignant et éducatif devenait de moins en moins masculin. Autrefois, il était mixte ou à majorité masculin dans les écoles de garçons. Or l'élève apprend beaucoup par identification à son enseignant. De nos jours, seuls 15 % des enseignants de maternelle et de primaire sont des hommes. Les femmes représentent encore 60 % des enseignants du secondaire. Ce non-respect de la parité dans l'enseignement est sans doute l'une des raisons des moindres performances scolaires que l'on observe chez les garçons d'aujourd'hui.

D'autant plus que ce qui se passe à l'école est renforcé par la distribution des rôles à la maison. L'accompagnement scolaire pour la maternelle et le primaire reste majoritairement l'affaire des femmes, que ce soit des mères de famille, des nounous ou des professeurs particuliers. Les conséquences de la disparition des hommes à l'école sont accrues par les situations de divorce car la garde de l'enfant est habituellement confiée aux femmes et la garde alternée reste rare. Ainsi, l'enfant ne voit son père que deux week-ends par mois. Dans cette configuration, le père n'a pas assez de temps pour bien enseigner les règles de vie qui s'apprennent au quotidien, ni de s'occuper de la scolarité. En outre, il craint parfois

---

17. Cf. S. Clerget, *Nos enfants aussi ont un sexe*, Paris, Robert Laffont, 2001.

que son enfant ne veuille plus venir. Dans la tête de l'enfant, la mère, le féminin, ce sont les règles, le devoir, le scolaire ; les hommes, le masculin, c'est la détente, la fête, le loisir.

Il y a peu, j'ai demandé à un petit garçon en consultation s'il avait une maîtresse ou un maître. Il m'a répondu : « C'est quoi un maître ? » ... Un autre, bon élève et très concerné par la scolarité, m'a dit plus tard vouloir devenir « maîtresse ». Pour certains petits garçons, la réussite scolaire est placée dans le registre du féminin et ne rentre pas en concordance avec leur identité masculine. La compétence pédagogique est la même chez les enseignants hommes ou femmes. C'est une compétence innée et non acquise.

Mais la réussite scolaire des enfants n'est pas qu'une question de pédagogie. Tout ce livre tend à montrer qu'elle est aussi pour beaucoup une question d'affectif. Or les enseignants, quelle que soit leur identité sexuelle, ont comme chacun d'entre nous des a priori sur le masculin et le féminin, les filles et les garçons. Ils ne vont pas se conduire, parler, juger, enseigner, éduquer pareillement en présence de filles ou de garçons. Cela commence très tôt. Si on présente un bébé à une personne en lui disant « c'est une fille » ou « c'est un garçon », elle ne va pas se conduire de la même façon. Elle ne va pas lui tendre les mêmes jouets et va lui attribuer des pensées et un caractère différents. Par exemple, si c'est un garçon, on dira qu'il est en colère ; s'il s'agit d'une fille, on la trouvera capricieuse. Il est démontré qu'à l'école les garçons ne sont pas traités à égalité avec les filles ; statistiquement ils sont plus sévèrement notés ou punis pour des bêtises équivalentes. La tolérance à l'école est bien moindre vis-à-vis des garçons que des filles. Mais surtout, les enfants ne vont pas se conduire, parler, apprendre, obéir, s'attacher et prendre modèle de la même façon avec un enseignant homme ou femme. Dès l'âge de quelques mois, on peut observer que le bébé adopte des attitudes différentes selon qu'il est en présence de femmes ou d'hommes.

Les enfants voient le monde à partir de ce qu'ils sont, de leur identité et notamment de leur identité sexuée. Aujourd'hui, l'éducation et l'enseignement sont du côté du féminin pour les enfants. Par conséquent, c'est un terrain sur lequel les filles, en majorité, vont se sentir plus à l'aise. Beaucoup de garçons aussi, heureusement, car ils se sentent à l'aise dans l'espace féminin, ou parce que les hommes de leur entourage sont à l'aise avec le savoir en général et le savoir scolaire en particulier. Mais les garçons qui ont intégré dans leur esprit un différentiel important entre masculinité et féminité (sans forcément faire de hiérarchie entre féminin et masculin), ceux qui sont très « garçons » au sens des a priori actuels, ceux qui ne sont pas toujours très à l'aise avec le féminin (par exemple des garçons ayant cherché à se décoller d'une « mère poule » qui à leurs yeux voulait les maintenir bébé) ou encore ceux qui sont dans une famille où les hommes n'ont pas fait d'études risquent de mal accepter des enseignements considérés comme uniquement féminins.

Apprendre d'un adulte, pour un enfant, c'est prendre une part de lui, c'est devenir en partie comme lui. Certains garçonnets ont besoin que les représentants du savoir soient des hommes pour mieux intégrer l'enseignement transmis, pour mieux se reconnaître en eux.

Comme il est impossible de proposer un professeur par enfant, et surtout que pour certains enfants, c'est l'inverse qui se produit (à tel ou tel âge, certains enfants apprennent mieux dans certaines matières avec des professeurs de l'autre sexe), il faut absolument établir une parité à l'école. Il faut qu'il y ait autant d'hommes que de femmes en moyenne pour que dans l'esprit des enfants, filles ou garçons, le domaine scolaire soit considéré aussi bien masculin que féminin. Qu'ils puissent cesser de croire que le masculin, c'est seulement le loisir, la transgression ou la force. Pour gommer le stéréotype qui occupe l'esprit de certains enfants, comme quoi les hommes sont surtout bons pour les métiers de force, policier ou militaire, il faudrait montrer aux petits garçons que s'intéresser à la grammaire ou à la poésie peut être viril, comme on l'a considéré pendant des siècles. Il faut établir la mixité des adultes à l'école pour bien apprendre la mixité aux enfants et pour faire véritablement de l'école un lieu neutre ou filles et garçons réussissent aussi bien.

Les notes du désamour

Pour conclure ce chapitre consacré à la place accordée aux aspects affectifs dans la relation professeur-élève, abordons le débat très actuel concernant la notation des élèves et son impact indirect, notamment sur la performance scolaire. Une chose est sûre : cela justifie de fermer ce livre en poursuivant le débat. Les notes cristallisent la croisée des cheminements affectifs quant à la scolarité des enseignants, des parents et des élèves.

Le débat est lancé concernant la suppression des notes en primaire. Le ministère s'est prononcé contre, laissant cependant une certaine liberté pédagogique aux enseignants pour l'évaluation des compétences. Spontanément, une très grande majorité de parents seraient hostiles à une telle suppression. Les notes sont associées à une forme de salaire rétribuant un travail. Si elles sont supprimées, on craint que cela ne fragilise la qualité du travail scolaire. Il risquerait en effet d'être négligé par l'élève qui n'aurait pas à craindre de sanction. Mais la suppression des notes ne signifie pas la suppression des redoublements. Si l'enfant n'a pas acquis ce qui doit être acquis, on renouvellera l'apprentissage.

Dans l'imaginaire de chacun, les notes sont aussi associées au système des récompenses et des punitions, selon qu'elles sont « bonnes » ou « mauvaises ». Or, ce système est à la base même de l'éducation, notamment de l'intégration fondamentale des règles et des lois. Mais cela repose sur des malentendus quant à la conception de l'école. D'un côté, l'école est un lieu où l'on travaille, à l'instar du lieu de travail des parents. De l'autre, c'est un lieu d'éducation à la vie sociale dans lequel les notes font office de bons ou de mauvais points. C'est oublier que l'école est avant tout un lieu d'apprentissage. Certes, l'école est aussi un lieu éducatif, mais les notes n'ont pas à réglementer l'éducation et on ne doit pas donner un zéro pour punir un enfant. Si les notes ont un intérêt, c'est pour noter l'évaluation des compétences d'un élève et suivre sa progression éventuelle. Mais l'évaluation proprement dite se passe de notes. Une donnée est acquise, non acquise ou en voie d'acquisition. Le système d'acquisition aide l'enfant à mieux repérer les progrès qu'il fait. Les notes favorisent le classement, si celui-ci peut présenter un intérêt pour les orientations après la troisième. Encore que le nombre d'acquis et de non-acquis et les matières dans lesquelles ils se retrouvent permettent tout aussi bien d'évaluer individuellement l'élève au sein d'une classe et de l'orienter.

En revanche, la hiérarchisation des notes et les classements à outrance sont pour beaucoup d'élèves des freins au désir d'apprendre. Les notes peuvent même être source d'humiliation quand elles sont affichées publiquement. Il existe d'ailleurs des pays, comme la Finlande, qui ne fonctionnent pas avec un système de notation avant l'âge de 11 ans. Si l'on est dans une logique d'apprentissage, les notes sont inutiles. L'enfant qui apprend à s'habiller seul, à dessiner à la maison, à mettre la table, à faire du vélo, à cuisiner, à déchiffrer ses premiers mots ou à compter le fait avec un plaisir sans pareil et surtout sans avoir besoin d'être noté. Dans *la Gloire de mon père*, Marcel Pagnol raconte que sa mère, lorsqu'elle allait au marché, le laissait dans la classe de son père instituteur, lequel découvrit avec surprise qu'il savait lire couramment, alors qu'il n'avait pas 5 ans, sans qu'il eût jamais été noté. Des félicitations et des encouragements s'avèrent souvent nécessaires, des mises en garde et des conseils également, mais point besoin de notes. La note n'aide pas l'élève à progresser. Ce sont les commentaires et les recommandations qui contribuent aux progrès de l'élève.

Les partisans de la notation avancent que la compétition fait partie du monde adulte et qu'il faut préparer l'élève à cela. D'abord, il n'est peut-être pas si utopique d'imaginer un monde moins centré sur la compétition et davantage sur la solidarité et l'esprit d'équipe. Ensuite, le meilleur moyen de préparer un enfant à la compétition future est de le rendre confiant en lui et performant. Or, un apprentissage saboté par la mise en place d'une compétition trop précoce rendra l'enfant peu compétitif dans la vie adulte. Le principe est le même avec la dureté de la vie. Ce n'est pas en maltraitant un enfant qu'on le rend plus fort. On le rend potentiellement plus soumis, ou à l'inverse plus agressif, c'est-à-dire moins tolérant à la frustration, mais certainement pas plus solide. La rivalité, comme la compétition, n'a pas besoin de l'école pour se mettre en place et s'expérimenter.

Elle existe bien en dehors, pour obtenir l'amour exclusif d'une mère ou pour gagner un match de football.

Le principe d'une évaluation des acquis et des non-acquis informe davantage l'élève et les parents de ce qu'il est nécessaire de revoir qu'un simple système de notation. Devant une mauvaise note, les parents réagissent par le reproche. Cela est vécu par l'enfant comme une double peine puisque la mauvaise note est déjà une punition en soi. Quand à la suite d'un devoir, il apparaît que l'enfant n'a pas acquis une notion, les parents devront l'aider à comprendre ses erreurs et à retravailler la notion pour l'acquérir. Les mauvaises notes découragent. Elles sont parfois humiliantes quand les commentaires de l'enseignant aggravent le sentiment d'échec.

Surtout, les enfants se comparent entre eux. Ils se jugent positivement ou négativement en fonction de leurs notes. Quand on sait combien l'estime de soi est fondamentale pour la réussite scolaire, on ne peut que s'alarmer des déconsidérations induites par les notes. D'ailleurs, les bonnes notes également sont souvent nuisibles, surtout chez les garçons dans les classes de collège, car les « victimes » de ces bonnes notes sont dans certaines classes qualifiés d'« intellos » et moqués. En revanche, les enfants ne vont pas comparer le nombre d'acquis et de non-acquis.

Enfin, la fiabilité des notes est aussi contestable. Elles sont d'ailleurs de plus en plus souvent contestées par les parents. Ces derniers vivent de façon insupportable les mauvaises notes, comme si elles leur étaient destinées (d'autant plus qu'ils se sont investis pour accompagner l'enfant dans son travail à la maison). De plus en plus d'enseignants souffrent de ces remises en question permanentes de leur jugement. Malgré les barèmes, il est difficile d'être totalement objectif. Les scandales récents autour des notations peu scrupuleuses du bac en témoignent. Ainsi, des études statistiques ont montré qu'à compétence égale, les redoublants et les garçons étaient notés plus sévèrement, ou encore qu'après la correction d'une bonne copie, on a tendance à noter plus sévèrement la suivante. Il a également été démontré que faire corriger les copies par un collègue donne des résultats différents, et que la sévérité varie en fonction de la matière, selon qu'elle est jugée comme étant plus ou moins importante pour le passage dans la classe supérieure.

On constate également que des facteurs subjectifs interviennent : prévenir le découragement, la contestation ou le relâchement de certains en les notant différemment. Dans une classe de niveau homogène, l'enseignant établira inconsciemment dans ses notations un différentiel qui donnera de très bons et de mauvais élèves selon l'idée préconçue mais cristallisée que dans une classe, il y a toujours des bons et des mauvais. Je reçois dans mon cabinet parisien des élèves brillants issus de classes et d'établissements tout aussi brillants, qui se découragent et dépriment en raison de mauvaises notes. Ils sont simplement jugés mauvais par rapport aux têtes de classe. En réalité, ce sont des élèves très cultivés et à l'intelligence remarquable, mais qui se croient « nuls »par rapport à leurs résultats. On les évalue comme s'ils étaient en classe préparatoire, et là aussi le classement supplante la fonction d'apprentissage. Ce système de classement crée l'échec et l'exclusion. Les enfants moins performants ne se croient pas « normalement » performants, mais nuls. Ils deviendront, avec ou sans diplômes, des individus qui auront une mauvaise estime d'eux-mêmes sur le plan des compétences professionnelles. Surtout, ils seront dégoûtés des apprentissages, ce qui ne les poussera pas à progresser dans le cadre d'éventuelles formations permanentes.

C'est le cas d'Henri qui a toujours été un excellent élève. Il est scolarisé dans un des lycées les plus élitistes de Paris. « Il a toujours eu, me dit sa mère, une grande curiosité pour tous les savoirs et a toujours appris avec plaisir ». La compétition n'a jamais motivé ce fils unique, aimé de ses parents. Arrivé en seconde, la pression se fait encore plus forte, le classement est davantage mis en avant. On parle déjà de grandes écoles et de dossiers scolaires. À la suite d'une baisse de régime (qui se révèlera être consécutive à une déception sentimentale), les notes d'Henri baissent. Ce qui aurait pu être une baisse transitoire va s'enferrer du fait des réactions de l'entourage. Car sitôt les premières mauvaises notes, c'est l'emballement et le début d'un engrenage délétère. Le père d'Henri (qui se révèlera concomitamment fragilisé par des tensions inhabituelles dans son couple et des envies d'ailleurs probablement inconsciemment réveillées par l'adolescence de son fils) s'inquiète avant très vite de s'alarmer. Ce cadre supérieur ajoute sa propre pression à celle des professeurs en ce qui concerne les résultats scolaires, demandant à connaître chaque nouvelle note le jour-même. Et voulant vérifier les acquisitions avec ardeur après le dîner au cours duquel les résultats d'Henri sont devenus le principal sujet de conversation.

Alors qu'Henri avait toujours travaillé de façon autonome, il se retrouve pris en tenaille entre les reproches des professeurs et un père qui se met à le brider (comme pour inconsciemment se brider lui-même). Tant et si bien que Henri se décourage, se croit devenu « nul » et s'écroule scolairement pour se retrouver en queue de classe. Il s'angoisse de plus en plus à l'idée d'aller en cours. Un changement d'établissement pour un lycée moins élitiste permit heureusement à Henri de reprendre pied en retrouvant le plaisir d'apprendre à l'abri de pressions excessives et en redevenant vite le mieux noté de sa classe. Il y rencontra par ailleurs celle qui devint sa petite amie. Et le père rasséréné décida de changer d'emploi pour donner une nouvelle orientation à son existence.

En attendant que le système évolue, en tant que parents, il importe de ne pas récompenser ou punir un enfant en fonction de ses notes, mais de repérer chaque fois avec lui ce qui est acquis et ce qui ne l'est pas.

CONCLUSION

La réussite scolaire n'est pas simplement une question d'amour, mais une question d'amours plurielles.

Au premier plan se situe l'amour des parents et plus largement du cercle familial. Il offre un climat de sécurité affective indispensable à la construction d'une sécurité intérieure. Un enfant qui bénéficie de cette sécurité interne apprendra plus facilement, car il sera moins parasité par des angoisses diverses qui peuvent être autant de freins pour toutes les acquisitions. Cet amour parental engendre une réciprocité affective. Or, ce qui motive un écolier, c'est avant tout de satisfaire ses parents.

L'amour parental prend des couleurs variées selon les enfants. Cela ne signifie pas que les parents aiment plus ou moins tel enfant, mais qu'ils les aiment tous différemment, comme s'ils avaient un cœur unique pour chacun. Ainsi, ils vont faire des projections différenciées pour chacun de leurs enfants. Pour celui-ci ou cet autre, ils imagineront tel ou tel destin, telle ou telle compétence. Ils auront des attentes et des exigences différentes vis-à-vis d'eux. Tout cela est rarement conscient. Comme nous l'avons vu, ces projections prennent parfois leur source bien avant la grossesse, jusque dans la petite enfance des parents ! En revanche, elles ont une grande influence dans la réussite ou l'échec scolaire des enfants.

Nous avons vu, enfin, que l'amour sain qui favorise une bonne réussite scolaire et, au-delà, professionnelle, est un amour qui sécurise, sans fusion, et qui favorise l'autonomisation progressive.

L'amour de soi qui englobe l'estime de soi et la confiance en soi est l'un des principaux facteurs de réussite ou d'échec scolaire. À l'extrême, les enfants déprimés voient habituellement chuter leurs performances scolaires. Les recherches indiquent que la confiance en soi peut varier d'un domaine à l'autre, ainsi que d'une matière scolaire à l'autre. Des élèves ayant des compétences cognitives supérieures à la moyenne peuvent donc avoir peu confiance en eux, avec toutes les conséquences négatives qui y sont associées. À l'inverse, des élèves ayant de faibles acquis au départ, mais qui croient en leur capacité à les utiliser efficacement, peuvent développer largement leurs compétences.

Il n'y a pas de réussite scolaire sans des enseignants compétents, mais aussi motivés. L'amour du métier, l'amour d'apprendre à autrui, est fondamental. Je ne suis pas de ceux qui considèrent que toutes les pédagogies se valent. Il existe des méthodes qui, à l'évidence, ne conviennent pas au plus grand nombre (la méthode globale, si décriée de nos jours, est un exemple significatif) même si elles ont porté leurs fruits auprès de certains enfants. L'idéal serait sans doute une méthode adaptée au cas par cas, ce qui relève aujourd'hui de l'utopie. J'inclus dans cette thèse les méthodes pédagogiques qui font de l'amour le facteur principal de la réussite scolaire, car l'amour nourrit la pédagogie. Celle-ci doit d'ailleurs prendre en compte toutes les dimensions affectives et émotionnelles. Il est évident que si l'enfant se sent mal aimé du pédagogue, il apprendra mal. Or la neutralité affective demandée aux enseignants est un leurre. C'est aussi vrai lorsque les parents qui font « faire » les devoirs à leurs enfants se mettent à leur en vouloir plus que de raison quand ils ne semblent pas à la hauteur de leurs attentes. Les enfants leur renvoient un sentiment d'échec parfois insupportable. L'attachement du pédagogue pour les matières enseignées et plus globalement pour son métier et les enfants qu'il a en charge, tout comme la façon dont les parents qui accompagnent la scolarité de leur enfant ont eux-mêmes investi l'école quand ils étaient écoliers, jouent un rôle non négligeable dans la réussite des enfants concernés. Les méthodes pédagogiques qui s'appuient sur la valorisation, l'encouragement, la pensée positive, l'évaluation par paliers, la comparaison à soi-même, l'implication émotionnelle et l'usage de la pratique offrent de meilleurs résultats que les techniques actuelles. En effet, ces dernières privilégient la comparaison aux autres, l'évaluation finale, la passivité exigée, les reproches, les menaces, les colles, ou les punitions par le travail scolaire (donner des devoirs supplémentaires en guise de punition est la meilleure façon de dégoûter du travail scolaire).

L'amour est un moteur pour la réussite scolaire, mais à l'inverse, il peut être cause d'échec quand il s'emballe. L'amour dans ses excès est nuisible. Ce peut être un amour parental excessif qui se traduit par une surprotection anxieuse, grevant toute autonomie et notamment toute autonomie dans l'apprentissage scolaire. Devenu adolescent, l'enfant prendra ses distances avec ses parents comme il prendra ses distances avec la scolarité, qui aura été trop associée à la tutelle des parents. Un amour parental si excessif qu'il ne tolèrerait la mise en place d'aucune règle éducative, d'aucune limite, d'aucune frustration, donnerait naissance à un enfant « en manque de manque », donc dépourvu de tout désir d'apprendre.

L'excès d'amour peut émaner de l'enfant lui-même. C'est le cas d'un écolier qui ne défusionnerait pas de son parent de cœur sur le plan œdipien et qui resterait immature, incapable d'explorer le champ d'un savoir qui l'en éloignerait. La passion de l'apprentissage, chez les enfants précoces, peut les conduire à l'échec scolaire. En effet, comme tous les passionnés, ils n'investiront que ce qu'ils veulent bien apprendre et mépriseront avec force les autres matières. Ou encore, surinvestissant le savoir, ils refuseront de perdre du temps en « besogne » et négligeront leurs leçons ou leurs exercices. Enfin, sur le plan de l'amour de soi, une surestimation de soi-même (il n'est pas exceptionnel que les ados passent par une phase mégalomaniaque transitoire, mais on rencontre aussi des enfants qui, pour des raisons diverses, le sont de façon chronique) conduit certains individus à considérer qu'ils n'ont rien besoin d'apprendre, et surtout à refuser le minimum de soumission ou du moins de position basse indispensable au statut d'écolier et à tout type d'apprentissage.

Mais d'autres formes d'amour interviennent.

L'amour d'apprendre, la joie d'acquérir un savoir : le désir d'apprendre correspond, selon les théories psychanalytiques, aux pulsions épistémophiliques. Nous avons vu comment les différentes pulsions et les moyens mis en œuvre par le psychisme de l'enfant, dans le cadre de son développement affectif, influençaient son rapport au savoir et ses capacités d'apprentissage. La réussite scolaire est le fruit d'un pas de deux permanent entre le cognitif et l'affectif. Nous avons vu qu'il existe des déficits intellectuels névrotiques liés à un blocage psychoaffectif. Nous avons vu qu'il existe, pour certaines matières, des déficits de compréhension ou des déficits du désir d'apprendre également névrotiques, qui résistent donc à toute rééducation et ne peuvent se soigner que par une approche psychanalytique complétée par une rééducation.

L'amour de l'école : en faisant de l'école un lieu agréable par ses locaux, par les qualités humaines des membres du personnel, par l'ambiance et le sentiment de sécurité que l'on y perçoit, par les effectifs limités qui préservent de l'anonymat, on permet à l'enfant d'avoir plaisir à s'y trouver et à y apprendre.

Et enfin, l'amour de la vie : celui-ci est parfois ce qui fait défaut chez les adolescents qui, à ce carrefour de l'existence, souffrent des adieux à l'enfance et vivent le futur qu'on leur présente avec pessimisme. Ils sont parfois tentés par un laisser-aller, voire un renoncement aux apprentissages scolaires. Dans tous les domaines, les personnes qui réussissent sont toujours animées par un fort désir de vivre, d'apprendre, de communiquer et de se dépasser. Les parents, l'entourage, les enseignants par leur manière d'être, d'agir et de communiquer, exercent une influence plus ou moins puissante sur la croissance de cette force psychologique.

Les enfants les plus performants sur le long terme sont ceux qui présentent un bel élan vital. Pour cela, il ne faut pas négliger les temps de loisirs, de sports, d'activités diverses, qui donnent goût à l'existence. S'il y a une réussite qui prime sur la réussite scolaire, c'est bien la réussite de sa vie. Albert Einstein, Gérard Depardieu, Patricia Kaas, Daniel Picouly, Fabrice Luchini, Jamel Debouze, Richard Branson, Jean-Claude Decaux, Jean-Paul Gaultier, Line Renaud, François Pinault, Zinedine Zidane, qui n'ont pas brillé dans leurs études à l'école, ne me contrediront pas.

Table des encadrés

BIBLIOGRAPHIE

Antibi (André), *la Constante macabre ou Comment a-t-on découragé des générations d'élèves ?*, Toulouse, éditions Math'adore, 2003.

Auduc (Jean-Louis), *Sauvons les garçons !*, Paris, Descartes & Cie, 2009.

Baumard (Maryline), « Les enfants nés en fin d'année ont une scolarité plus difficile », *le Monde.fr*, 28 décembre 2010.

Ben Soussan (Patrick), (dir.), *Tout n'est pas forcément psy !*, Paris, Larousse, 2011.

Bernard (Marie) et Clerget (Stéphane), *Éduquer son enfant pour les nuls*, Paris, First, 2011.

Butterworth (Brian), *The Mathematical Brain*, Londres, Macmillan, 1999.

Canoui (Pierre), Messerschmitt (Paul), Ramos (Ovidio), *Révision accélérée en psychiatrie de l'enfant et de l'adolescent*, Paris, Maloine, 1994.

Cesaro Rouet (Lisa), Gabriel (Évelyne Esther), Pinter (Béatrice) et alii, *l'École maternelle enfin expliquée aux parents*, Paris, Hachette, 2007.

Clerget (Stéphane), *Ne sois pas triste mon enfant : comprendre et soigner la dépression au cours des premières années de la vie*, Paris, Robert Laffont, coll. « Réponses », 1999.

Clerget (Stéphane) et Costa-Prades (Bernadette), *Parents, osez vous faire obéir*, Paris, Albin Michel, 2007.

Dehaene (Stanislas), *la Bosse des maths*, Paris, Odile Jacob, 1996.

Dolto (Françoise), *l'Échec scolaire : essais sur l'éducation*, Paris, Presses Pocket, 1990.

Duclos (Germain), *l'Estime de soi, un passeport pour la vie*, Montréal (Québec), Éditions de l'hôpital Sainte-Justine, 2000.

Dumesnil (François), *Parent responsable, enfant équilibré*, Paris, Marabout, coll. « Éducation », 2010.

Freud (Anna), *le Moi et les mécanismes de défense*, trad. de l'allemand par Anne Berman, Paris, PUF, 1949.

George (Gisèle), *la Confiance en soi de votre enfant*, Paris, Odile Jacob, 2007.

Guedeney (Nicole et Antoine), (dir.), *l'Attachement : concepts et applications*, Masson, 2006.

Ionescu (Serban), Jacquet (Marie-Madeleine), Lhote (Claude), *les Mécanismes de défense : théorie et clinique*, Paris, Nathan, 1997.

Merle (Pierre), *les Notes. Secrets de fabrication*, Paris, PUF, coll. « Éducation et société », 2007.

Revol (Olivier), *Même pas grave ! L'échec scolaire, ça se soigne*, Paris, J.C. Lattès, 2006.

Valet (Gilles-Marie), *l'Âge de raison*, Paris, Larousse, coll. « L'Univers psychologique », 2007.

Valet (Gilles-Marie) et Lanchon (Anne), *Moi, j'aime pas trop l'école : le comprendre, l'aider*, Albin Michel, coll. « C'est la vie aussi », 2005.

▶ SITES INTERNET

Pour prendre en charge la difficulté à l'école (inspection académique de Moselle).

Adresse : http://www3.ac-nancy-metz.fr/iamoselle/ppre

Responsable du site : Patrice Birbandt, inspecteur de l'Éducation nationale.

DU MÊME AUTEUR

Avec Costa-Prades (Bernadette), *Osez vous faire respecter* !, Paris, Albin Michel, 2010.

le Pédopsy de poche, Paris, Marabout, 2010.

Avec Vialet (Noelie), *l'Amour 100 % ado*, Montrouge, Bayard Jeunesse, 2010.

Avec Bordet (Sophie) et Clotka, *Ça sert* à *quoi les parents ?*, Paris, Bayard Jeunesse, 2010.

Avec Moreau (Danielle), *Quand je serai grand, je serai célèbre*, Neuilly-sur-Seine, Michel Lafon, 2009.

les Kilos émotionnels, Comment s'en libérer, Paris, Albin Michel, 2009.

Avec Le Marchand (Karine), Grimbert (Philippe), Vaillant (Maryse), *Devenir heureux... Ces épreuves qui font notre force*, Calmann-Lévy, 2009.

Avec Costa-Prades(Bernadette), *Comment avoir de vrais amis ?*, Paris, Albin Michel, 2008.

Guide de l'ado à *l'usage des parents*, Paris, Calmann-Lévy, 2008.

Avec Lamy (Anne), *Maintenant, tu restes dans ton lit !* Paris, Albin Michel, 2008.

Avec Laufer (Danièle), *La mère parfaite, c'est vous*, Paris, Hachette Littératures, 2008.

Quel âge aurait-il aujourd'hui ? le tabou des grossesses interrompues, Paris, Fayard, 2007

Comment devient-on homo ou hétero ?, Paris, Lattès, 2006.

Avec Angel (Sylvie), *la Deuxième Chance en amour*, Paris, Odile Jacob, 2006.

Avec Mayo (Carine), *les Pipis font de la résistance*, Paris, Albin Michel, 2006.

Avec Leroy (Pascale), *Élever un garçon aujourd'hui*, Paris, Albin Michel, 2006.

Séparons-nous... mais protégeons nos enfants, Paris, Albin Michel, 2004.

Avec Costa-Prades(Bernadette), *Comment survivre quand les parents se séparent*, Paris, Albin Michel Jeunesse, 2004

Ils n'ont d'yeux que pour elle : les jeunes et la télé, Paris, Fayard, 2002.

Nos enfants aussi ont un sexe, Robert Laffont, 2001.

Adolescents, la crise nécessaire, Fayard, 2000.

ÉGALEMENT CHEZ LAROUSSE

Tout n'est pas (forcément) psy
Collectif, sous la direction de Patrick Ben Soussan

Troubles du développement, problèmes de comportement, difficultés à l'école... Des premiers mois jusqu'à 8 ans, près de 200 cas concrets sont décryptés dans cet ouvrage. Chacun fait l'objet d'une analyse détaillée et de conseils sur la meilleure façon de réagir, pour aider adultes et enfants à dénouer petits drames ou grosses souffrances.

140 x 220 mm
19,90 euros

« Si tu dis NON,
je vais chez mamie ! »

Éclairant sur les liens très spécifiques existant entre grands-parents et petits-enfants, et riche de nombreux témoignages, ce livre vous aidera à (re)penser votre rôle de grand-parent et à profiter au mieux de cette nouvelle aventure.

140 x 220 mm
19,90 euros

L'enfant de 6 à 11 ans
Gilles-Marie Valet

À partir de 6 ans, l'enfant entre peu à peu dans l'âge de raison, celui des grands apprentissages et des relations sociales. Ce livre a pour objectif d'aider à mieux comprendre son enfant, dans cette phase cruciale de son développement.

125 x 192 mm
5,90 euros

Imprimé en Espagne par Unigraf S.L.
Dépôt légal : février 2012
307625/01 - 11015819 - janvier 2012